中国工程院重点咨询研究项目成果

中国西部地区化石能源与水资源协同发展战略研究

王建华 朱永楠 姜珊 苏健 刘合 等 著

科学出版社

北京

内 容 简 介

本书聚焦我国化石能源与水资源关系最不协调、协同安全难度最大的西部地区，系统解析气候变化背景下西部地区能源与水资源纽带关系和保障风险。在评价主要能源基地水资源条件及供需态势的基础上，分析面向新发展理念的能源与水资源协同安全保障需求，提出了"四化一创"协同安全保障战略，为实现我国能源产业可持续发展和水资源可持续利用提供科技支撑。

本书可供水资源、能源等相关领域的科研人员、高等院校师生，以及从事能源与水资源规划与管理的技术人员参考。

图书在版编目(CIP)数据

中国西部地区化石能源与水资源协同发展战略研究／王建华等著. —北京：科学出版社，2024.3
ISBN 978-7-03-078188-8

Ⅰ.①中… Ⅱ.①王… Ⅲ.能源发展–研究–西北地区 ②能源发展–研究–西南地区 ③水资源管理–研究–西北地区 ④水资源管理–研究–西南地区 Ⅳ.①F426.2 ②TV213.4

中国国家版本馆 CIP 数据核字（2024）第 056167 号

责任编辑：王 倩 ／ 责任校对：樊雅琼
责任印制：徐晓晨 ／ 封面设计：无极书装

科学出版社 出版
北京东黄城根北街 16 号
邮政编码：100717
http://www.sciencep.com

北京建宏印刷有限公司印刷
科学出版社发行 各地新华书店经销

*

2024 年 3 月第 一 版　开本：720×1000　1/16
2024 年 3 月第一次印刷　印张：9
字数：200 000
定价：128.00 元
（如有印装质量问题，我社负责调换）

前 言

能源与水资源是人类生存、经济发展、社会进步和现代文明建设的基础性、战略性资源，也是应对气候变化和实现"双碳"目标的关键领域，直接关乎国计民生、经济发展乃至国家安全。随着我国进入工业化中后期和城镇化增量提质的发展阶段，能源消费与需求急剧上升，其中煤炭、石油、天然气等化石能源占我国能源消费量的88%。化石能源是水资源需求强度最大的能源类型，同时对水资源系统影响也最为深刻。一般情况下，开采1t煤会排出2t左右的水，产出水利用率只有25%左右；页岩气开发单井耗水量高达2.1万t。由于我国化石能源与水资源先天逆向分布，水资源紧缺可能成为未来我国化石能源开发的瓶颈，能源与水的协同安全是事关全局的战略性问题。

在我国能源格局中，一方面，山西、内蒙古、陕西、甘肃、宁夏、青海、新疆等七省份（以下简称为"西部地区"）是全国化石能源最富集的地区，拥有全国第一的煤炭和天然气储量，是全国石油、电力的主要输出区，已探明的煤炭、石油、天然气储量分别占全国的72.9%、39.1%和52.8%。另一方面，西部地区因地处内陆远离海洋，区域多年平均降水量不足300 mm，水资源量2764亿 m^3，仅占全国水资源总量的10%，受干旱少雨条件影响，西部地区也是我国生态脆弱区分布面积最大、生态脆弱性表现最明显的地区。因此西部地区是我国能源与水资源关系最不协调、协同安全难度最大的地区，目前水资源可利用量和生态环境保护已经对区域化石能源的开发形成了明显的约束。此外，这一地区还是全球气候变化敏感区，考虑气候变化带来的不确定性和风险，能源基地发展的水资源安全保障将面临更大的挑战，尤其在水资源短缺、水资源开发潜力不足的新疆、陕北、黄陇等能源基地，水资源的约束性更加显著。面对国家治理的现实需求和气候-能源-水资源耦合系统复杂化对资源管理赋予的全新任务，识别气候变化背景下西部地区化石能源与水资源保障风险，构建保障能源产业与区域资源环境系统的协同发展技术体系与保障措施，是支撑我国经济社会健康发展的迫切需要和必然要求。

基于上述背景，中国石油勘探开发研究院联合中国水利水电科学研究院、国家能源集团、国家气候中心、中国矿业大学等单位，组建跨部门、跨行业、跨学科的攻关研究小组，开展嵌入气候变化影响的我国西部地区化石能源与水资源协同发展战略研究，围绕重点煤炭、油气能源基地进行了系统的调研与典型剖析，并在此基础上开展数据分析和政策研究，力图形成西部地区化石能源与水资源协同安全政策与措施建议，为我国能源与水资源的协同安全保障规划和决策提供战略与技术支撑。

全书共分8章。第1章从我国西部地区的能源与水资源现状出发，解析区域能源开发利用全过程中对水资源的需求；第2章从气候的角度，论述气候变化对西部地区能源与水资源的影响、气候要素变化趋势及风险；第3章从水资源的角度，分析现状及未来西部地区能源产业用水需求，探讨化石能源产业发展的水资源约束，提出水资源短缺条件下能源发展的战略选择；第4章从新发展理念出发，探讨"双碳"目标、生态文明建设、高质量发展下的能源与水资源安全保障需求与挑战，以及新发展理念下的西部地区气候变化适应与应对；第5章从油气开发角度，研判西部地区油气发展布局及对水资源的影响，预测未来油气用水趋势；第6章从煤炭产业角度，研究西部地区煤炭产业发展现状，分析并预测煤炭开发利用需水以及对水系统的影响；第7章从技术选择、工程管理、政策保障等方面，提出新发展理念下西部地区能源-水协同安全保障策略；第8章提出西部地区化石能源与水资源协同发展的政策建议。

本书各章分工如下：第 1 章由苏健、李国欣、何凡、李全生、肖潺、姜珊撰写；第 2 章由肖潺、艾婉秀、韩振宇、达布希拉图、张太西、张连成、冀新琪撰写；第 3 章由何国华、姜珊、李澂、李玲慧撰写；第 4 章由张国生、朱永楠、许红梅、何国华撰写；第 5 章由苏健、梁坤、李志欣、丁麟、葛苏、刘婧瑶撰写；第 6 章由李全生、张凯、杨英明、张博、赵勇强、邢朕国撰写；第 7 章由姜珊、朱永楠、王秋玲、张凯、唐琪撰写；第 8 章由何凡、肖潺、苏健、马建国、杨英明撰写。全书由朱永楠、姜珊统稿，刘合、王建华负责整体策划与全书审定。

本书研究工作得到中国工程院重点咨询研究项目（2019-XZ-33）、国家重点研发计划项目（2018YFE0196000）、国家自然科学基金基础科学中心项目（72088101）等的共同资助。衷心感谢中国工程院工程管理学部和中国工程院战略咨询中心在项目的组织管理、调研交流等方面给予的支持、指导与帮助，感谢胡文瑞院士、袁晴棠院士、秦大河院士、丁一汇院士、王浩院士、彭苏萍院士、赵文智院士、周建平院士、李阳院士、金智新院士、顾大钊院士、李根生院士、陈晓红院士、邓铭江院士等在项目研究过程中给予的悉心指导。由于本项研究领域跨越能源、水和大气等多学科，在对气候变化下能源与水资源纽带关系的解析及新形势研判的过程中，难免存在一定的不确定性和不可预见性，期待相关领域科学家及广大读者给予批评和指导。

作　者

2023 年 11 月

目　　录

前言
1 西部地区能源与水资源现状及纽带关系解析 ·················· 1
　　1.1 西部地区能源概况 ······································ 1
　　1.2 西部地区水资源概况 ···································· 5
　　1.3 西部地区社会经济态势 ·································· 7
　　1.4 能源开发利用全过程中对水资源的需求及影响 ·············· 8
2 西部地区气候变化及其对能源与水资源的影响识别 ············ 13
　　2.1 西部地区气候特征及变化趋势 ··························· 13
　　2.2 气候变化对水资源的影响及风险 ························· 24
　　2.3 气候变化对能源系统的影响及风险 ······················· 34
　　2.4 气候变化对生态环境的影响及风险 ······················· 38
3 西部地区化石能源发展和水资源利用现状与需求分析 ·········· 40
　　3.1 能源产业用水现状 ····································· 40
　　3.2 能源与水系统协同安全评价 ····························· 47
　　3.3 能源产业发展用水需求预测分析 ························· 63
4 新发展理念下能源管控需求 ································ 66
　　4.1 能源转型需求下的机遇与挑战 ··························· 66
　　4.2 生态文明建设下的能源发展目标 ························· 67
　　4.3 生态保护与高质量发展下水资源安全需求与挑战 ··········· 70
　　4.4 新发展理念下西部地区气候变化适应与应对 ··············· 73
5 西部地区油气开发对水资源影响与保水开采技术发展 ·········· 76
　　5.1 西部地区油气资源及开发现状 ··························· 76

5.2　西部地区油气田用水现状 ·· 78
　5.3　西部地区油气田节水开发技术现状与存在问题 ····················· 79
　5.4　西部地区油气田未来用水趋势预测 ······································ 84
6　西部地区煤炭资源开发利用对水资源影响与水资源保护利用工程科技 ··· 86
　6.1　西部地区煤炭产业发展现状 ·· 86
　6.2　西部地区煤炭资源开发利用对水资源系统影响分析 ·············· 88
　6.3　西部地区煤炭产业发展用水需求与水影响预测分析 ·············· 93
7　西部地区能源与水资源协同安全保障需求与战略 ······················· 104
　7.1　新发展理念下的能源与水资源协同安全保障需求 ················ 104
　7.2　基于能源-水资源纽带关系的"四化一创"协同安全保障
　　　战略 ·· 107
8　西部地区能源与水资源协同发展政策与建议 ······························ 120
　8.1　提高西部地区化石能源与水资源协同发展气候变化应对能力 ····· 120
　8.2　设立碳中和关键技术集成及国家示范区 ····························· 122
　8.3　加强西部能源开发利用的水资源科学规划引领 ···················· 124
　8.4　完善能源与水资源协同发展策略 ·· 126

参考文献 ·· 129

1 西部地区能源与水资源现状及纽带关系解析

西部地区是我国化石能源最富集的地区,是国家能源安全保障的战略基地,但该区域地处内陆远离海洋,干旱缺水问题突出。本章从西部地区能源及水资源现状出发,阐述西部地区能源与水资源协同安全保障状况的基本认识。

1.1 西部地区能源概况

1.1.1 西部地区油气资源概况

西部地区有34个含油气盆地,油气资源丰富,在保障国家能源安全中具有重要的地位和作用(李小地等,2003)。鄂尔多斯盆地、准噶尔盆地、塔里木盆地、柴达木盆地所在的内蒙古、山西、陕西、甘肃、宁夏、新疆、青海7省份均是油气资源的富集区,已探明的石油、常规天然气、页岩气储量分别为667.2亿t、51.7万亿m^3、77.7万亿m^3,分别占全国的39%、76%和71%。

西部地区含有丰富的油气类型,根据全国"十三五"油气资源评价结果,四大油盆鄂尔多斯盆地、准噶尔盆地、塔里木盆地和柴达木盆地常规油的地质资源量合计304.6亿t,致密油地质资源量为90.6亿t,页岩油地质资源量为95.7亿t。四大气盆塔里木盆地、鄂尔多斯盆地、准噶尔盆地和柴达木盆地常规天然气的地质资源量合计为28.2

万亿 m³，致密气地质资源量为 17.1 万亿 m³，占西部地区致密气资源量的 99%，页岩气地质资源量为 15.3 万亿 m³，煤层气地质资源量为 11.7 万亿 m³。

西部地区是我国近年油气重大发现的主战场，资源仍处于勘探的早中期阶段。区域探明石油地质储量 137.9 亿 t，占全国的 35%；资源探明率 37%，剩余资源量超 200 亿 t。区域探明天然气地质储量 11 万亿 m³，占全国 84%；资源探明率 21%，剩余资源量超 35 万亿 m³（李建忠，2019）。西部地区为实现我国原油产量稳中上升、天然气产量快速增长发挥了关键作用。

目前，西部地区已建成鄂尔多斯、新疆两大油区和鄂尔多斯、四川、塔里木三大气区，成为我国主要的石油供应来源和最重要的天然气供应来源。2019 年，西部地区石油产量为 5598 万 t，占全国总产量的 32%；天然气产量为 1217 亿 m³，占全国总产量的 88%。鄂尔多斯、四川、塔里木和柴达木形成"三大一小"四个天然气生产基地，未动用储量规模大、可采储量采出程度低，未来具备进一步上产的潜力。从中长期来看，西部地区对东部油田的接替作用日趋明显，在我国油气生产的战略的地位日益突出。

西部地区是我国重要油气管输通道和储备基地。西部具有得天独厚的区位优势，是连接中亚和俄罗斯的枢纽，在新疆已建成中哈原油管道和中亚天然气管道两条进口油气管道。西部地区也是国内天然气管网建设重点区域，已建成七条天然气主干管网，即西气东输一线、西气东输二线、西气东输三线、西宁—兰州线、中卫—贵阳线、榆林—济南线和鄂尔多斯—沧州线。此外，西部地区已建成新疆呼图壁、重庆相国寺和西安陕 224 三座储气库，库容量分别为 117 亿 m³、42.6 亿 m³ 和 10.4 亿 m³，总工作气量达 72.9 亿 m³，其中呼图壁储气库是我国目前最大储气库。西部地区健全的国内外油气管网和逐步完善的石油储备能力为保障我国油气供应做出重要贡献。

炼油化工和天然气加工正成为西部能源产业发展的重要增长点。

西部地区初步建成了特色炼油化工基地、天然气加工基地及工程技术服务保障基地，构建了完整的油气产业链和以油气业务为支撑的服务链。新疆和陕西同时是液化天然气生产及原油加工的主要地区，2019年两省原油加工量分别为2322万t和1777万t。新疆形成以独山子石化、乌鲁木齐石化、克拉玛依石化和塔河炼化为重点的炼化企业，构成了立足新疆、辐射周边的能源供给格局。陕西省石化产业已经形成现代煤化工、煤制油、基本化工、精细化工四条主产业链，建立了完善的石油炼化体系，并带动了产业链的深度延伸。

从全国来看，我国能源消费增速明显高于生产增速，在国内能源需求和国际环境不确定性呈双升态势，在石油和天然气对外依存度高达70%和45%的情况下，稳定并提升我国能源自给率极为迫切。西部地区丰富的油气资源禀赋、健全的管网储备设施、特色石油炼化产业和强大的天然气加工能力，表明大力发展和提高这一地区的油气勘探开发和运输储备能力是保障国家能源安全的重中之重。

1.1.2 西部地区煤炭资源概况

从煤炭储量来看，西部煤炭资源丰富。我国14个大型煤炭基地中神东、晋北、晋中、晋东、黄陇、宁东、陕北、新疆等均位于我国西部，是国家大型煤炭基地集中分布区，未来发展潜力巨大，具备接替煤炭战略西移的能力。内蒙古、陕西、山西、甘肃、宁夏和新疆6省份煤炭资源丰富（表1-1），合计煤炭资源总量49 360.9亿t，约占全国煤炭资源总量85%。西部富煤区基本以简单构造为主，煤类丰富，从长焰煤至无烟煤均有分布。中国煤炭地质总局评价结果显示，区域内绿色煤炭资源保有量9235.5亿t，占西部地区煤炭资源保有总量的88%，主要集中分布在陕西中北部、新疆、内蒙古中西部以及宁夏部分地区。

表 1-1　2019 年西部地区主要产煤省份煤炭资源情况

省份	煤炭资源总量/亿 t	煤炭资源全国占比/%	煤炭产量/亿 t	煤炭产量全国占比/%
内蒙古	16 244.0	27.9	9.9	26.4
陕西	4 054.9	7.0	6.8	18.1
宁夏	1 847.9	3.2	0.8	2.1
新疆	18 977.2	32.6	2.6	6.9
山西	6 421.4	11.0	10.6	28.3
甘肃	1 815.5	3.1	0.4	1.1
合计	49 360.9	84.8	31.1	82.9

目前我国华东、华南和东北的煤炭生产逐渐萎缩，煤炭生产重心将转移至西部地区。从煤炭产量来看，2019 年全国煤炭产量 37.5 亿 t，同比增加 8000 万 t，增长 2%；2019 年西部地区累计原煤产量为 31.1 亿 t，约占全国原煤产量的 83%（图 1-1），外运原煤 11.54 亿 t，外送电力 5300 亿 kW·h。

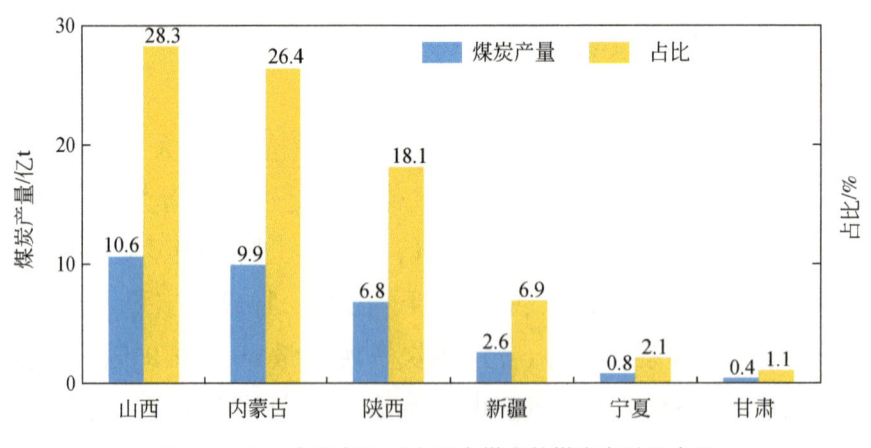

图 1-1　2019 年西部地区主要产煤省份煤炭产量及占比

西部煤炭具有储量大、煤质好、地质条件总体简单的特点，具备开展大规模开发的优势。区域内已建成一批大型、特大型安全高产高效矿井，如神东、陕北、黄陇、新疆 4 个亿吨级煤炭生产基地及宁东能源化工基地，重点煤矿采煤机械化和掘进机械化程度达到全国先进水平。从中长期来看，西部地区对东部能源基地的接替作用日趋明显，未来西部地区煤炭产能占比将进一步提高，我国煤炭产业重心将进一步西移。

依托丰富的能源资源，西部地区建成了一批能源和重化工基地、钢铁生产基地、铝业基地、机械制造和冶金工业基地。随着国家能源需求的增加，区域内新疆、甘肃陇东、内蒙古西部、陕西陕北、山西离柳及晋南等能源基地建设速度加快，带动了经济社会的快速发展。发展至今，区域工业经济趋于稳定，形成以煤炭、电力、化工、冶金、装备制造、轻纺等行业为支柱的工业体系，倚重倚能的特征非常明显。总体来看，能源资源型产业在西部地区经济增长中发挥了支柱性作用，科学发展能源产业并大力推动其转型升级，是今后一个时期内西部地区高质量发展的必然选择。

1.2　西部地区水资源概况

鄂尔多斯盆地、准噶尔盆地所在的山西、陕西、甘肃、青海、宁夏、新疆、内蒙古7省份总面积约444.7万km^2，约占全国陆地总面积的46%。西部地区深居内陆，远离海洋，由于高原和山地对湿润气流的阻隔，区域降水从东向西逐渐减少，除东南部少数地区为温带大陆性季风气候，其他大部分地区则呈典型的干旱内陆气候，冬季严寒干燥，夏季高温少雨、蒸发量大。西部地区水资源呈现出明显的东多西少的空间格局，同时其年际和年内分布不均的特征十分显著。区域多年平均降水量275mm，远低于全国平均降水量661mm，在时间上降水的分配极不均匀，在年内分布方面，主要集中在夏季，占全年降水量的60%~80%。

西部地区水资源总量2764亿m^3，仅占全国水资源总量的10%。单位面积水资源量6.21m^3/km^2，仅为全国平均水平的1/5，同时在空间上，区域水资源量分布不均，各省差异明显（表1-2）。从人均水资源量来看，由于区域人口较少，内蒙古、新疆、青海人均水资源量较高，宁夏、山西、甘肃、陕西人均水资源量则低于1000m³，其中宁夏、山西两省人均水资源量仅为146m³和263m³，远低于国际公认的"极度缺水标准"。

表1-2 西部地区各省份水资源本底条件

地区	多年平均降水量/mm	人均水资源量/m³	单位面积水资源量/(万m³/km²)
山西	554	263.2	6.2
内蒙古	302	1 932.9	4.1
陕西	665	950.6	17.6
甘肃	301	795.0	4.6
青海	308	11 342.1	9.3
宁夏	312	146.4	1.5
新疆	159	3 870.7	5.6
西部地区	275	1 697.0	6.2

受降水量影响，西部地区降水入渗补给量少，不重复的地下水资源量占比低，水资源主要包括地表水资源量及其转化的地下水资源量，因此经济社会供水依赖于地表产水量。2019年西部地区供水量为1153.3亿m³，占全国总供水量的19%，其中当地地表水供水量840.9亿m³，占总供水量的72.9%；跨流域调水量3.6亿m³，占0.3%；地下水供水量287.4亿m³，占24.9%，其中浅层地下水266.7亿m³，深层承压水20.7亿m³；微咸水、再生水、集雨工程等非常规水源利用量21.5亿m³，占1.9%。

从用水端来看，区域农田灌溉及林牧渔业用水量914.8亿m³（图1-2），占总用水量的79%，工业用水量70.3亿m³，占总用水量的6%，生活用水75.1亿m³，占总用水量的7%，生态用水92.9亿m³，占总用水量的8%。近年来，西部地区用水总量基本保持

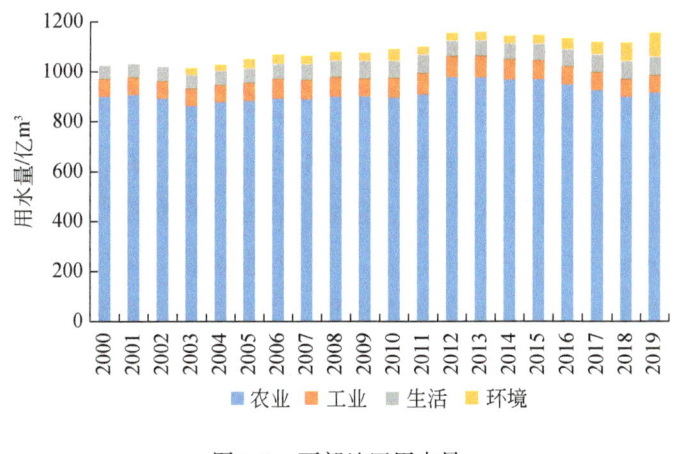

图 1-2 西部地区用水量

平稳，由 2000 年的 1024.04 亿 m³，上升到 2019 年的 1153.3 亿 m³，年均增长率为 0.7%。

受产业结构和降水影响，西部地区农业用水占比为 79%，较全国高出近 20 个百分点，其中宁夏、新疆农业用水占比更是高达 85% 和 87%。西部地区一方面农业用水占比高，另一方面用水效率仍旧偏低，灌溉水利用系数为 0.54。以上两方面因素造成西部地区单方水产出水平远低于东部地区，用水效益和单方水产出亟待提高。

1.3 西部地区社会经济态势

我国西部地区由于历史、自然条件等原因，经济社会发展相对滞后，从 GDP 来看，山西、陕西、甘肃、青海、宁夏、新疆、内蒙古 7 省份 2010 年总量约为 3.9 万亿元，仅占全国总量的 9.5%。2019 年区域 GDP 增长到 8.9 万亿元，占全国的 9%。从人均 GDP 来看，2019 年区域人均 GDP 为 54816 元，不足全国平均水平的八成，仅为东部地区的 65%。从城镇化率来看，西部地区城镇化率只有 57%，比东部地区城镇化率低 13%，这意味着西部地区与东部经济发达地区仍存在发展差距。基础设施是西部地区发展的首要物质条件，尽管十八大以来西部地区基础设施状况得到大幅提升，但由于历史欠账较多，目前基础设施薄弱的状况尚未从根本上改变，尤其是西部广大农村地区的基础设施仍然比较落后，道路等级低、通行能力弱、与外界联通性差。

近年来，随着西部大开发、中部崛起、区域协调发展等战略的实施，国家经济政策向中西部倾斜，西部地区经济社会得到快速发展。作为能源主要供给区，其发展需求随着国家资源能源需求增长不断增长，2019年，第一产业增加值为8092.9亿元，第二产业增加值为36655.1亿元，第三产业增加值为44314亿元，三次产业结构为9∶41∶50。第三产业成为带动经济的主体产业，但是区域工业结构呈现过度重工业化倾向，优势产业集中在能源、矿产资源、装备制造、农副产品加工等方面，与东部地区相比，西部地区第三产业规模小、层次低、缺少相对竞争优势，在全国范围内难以形成长效收益。总体来看，目前西部地区仍然处于投资拉动型发展阶段，经济发展主要依靠资本的投资项目，其他如消费则在经济增长中占比小，培育西部地区相对优势产业，增强造血能力，是实现乡村振兴与区域协调发展的关键。

1.4　能源开发利用全过程中对水资源的需求及影响

1.4.1　油气开发利用全过程中对水资源的需求

水资源的消耗贯穿油气勘探开发利用的整个过程。油气勘探是寻找、探明油气储量的基础，是油气开采的第一个环节。其中，钻井勘探是研究储油构造、探明油气面积和储量的重要手段。经过前期初步勘探取得发现后，为筹备一个新的油气田还需进行一系列的油气田开发建设工作，包括确定开发井的井位以及压裂作业等具体开发方案的研究工作。开发建设后，油气田则正式进入油气生产作业阶段。钻井工作是油气田勘探、开发建设、开采生产的重要环节，钻井过程中，泥浆在钻进时的钻头冷却、井壁保护等环节均发挥了重要作用，也是运移岩屑、固井施工等环节的重要载体，钻井工程需要大量的水。近年来，水力压裂技术被广泛应用于裂解岩体、形成导流裂缝，压裂过程中需要消耗大量的水资源，以美国页岩气开发为例，单井耗水高达 8000~100 000m^3（张东晓和杨婷云，2015）。油田注水也是油田开采过程中确保油层压力，提高采收率的重要措施。此外，石油化工也是水密集型工业，目前我国节水型石化炼油厂每吨原油加工的新鲜水消耗为 0.4~0.5m^3（刘雪鹏，2017）。

近年来，随着西部油气生产基地的规模开发，西部油气田总用水量不断增加。在勘探及油田建设环节中，水力压裂是目前广泛应用的油气井增产措施，约占西部地区勘探建设环节新鲜用水的 45%。注水开发是油气田用水的主要环节，2010 年西部油气田注水总量为 1.2 亿 m^3，2019 年注水总量则升至 1.9 亿 m^3，注水量增加了 60%。近年来，各油田污水处理及回用技术不断提升，油田工业污水回用量均呈增加趋势，其他水源例如工业污水回用等注水量由 2010 年的 0.6 亿 m^3，增加至 2019 年的 1 亿 m^3。但为保证油气田生产的稳定和高效，注水水质管理过程对水中的悬浮物、溶解氧、腐蚀性等均有较高要求，仍需取用大量的地表水或地下水。此外，油田工业用水和矿区生活、绿化用水也是油气生产用水的主要环节。

西部地区是非常规油气勘探开发的主要区域，非常规油气开发技术要求高，低品位或复杂油藏开发用水较大，以低渗、稠油、碳酸盐岩等为主的长庆油田、新疆油田和塔里木油田是用水大户，占西部油气田总用水量的 80% 以上。以页岩气开发为主的西南油气田，目前新鲜水用量仅占西部油气田总用水量的 5%，虽然现状用水量不大，但从油气田生命周期的角度来看，后期建产阶段，可能对周边水源、河流及工业生活用水造成较大影响。

1.4.2 煤炭开发利用全过程中对水资源的需求

煤炭是我国的主体能源，长期占一次能源消费的 50%~60%，目前我国已形成了世界最大的煤炭开发利用产业体系。但煤炭开发利用水资源需求巨大。西部地区从煤炭开采、煤炭洗选、燃煤发电到煤制油化工等四大产业形成的煤炭开发利用全产业链的水资源需求超过 54 亿 t/a。

煤炭开采过程中，井下抑尘、机泵冷却等都需要耗水。根据各省份煤炭生产用水定额，每吨煤平均用水在 $0.5m^3$ 左右，即西部地区每年原煤生产用水约为 10 亿 m^3。但更重要的是开采会破坏地下含水层并产生大量矿井水，而相当大部分矿井水外排损失。据统计，目前我国煤炭开采平均每吨煤产生矿井水 $2.0m^3$ 左右，产生的矿井水若滞留在煤矿中可能会造成塌陷、淹井等灾害，被视为井下危险源，通常外排地表。矿井水仅少量在井下和矿井周边就近回用，由于矿井周边地面无法大量存水，而且区域蒸发量极大，大部分外排的矿井水很快蒸发损失。

地下开采的煤炭掺杂着许多杂质，需要通过冲洗筛选去除煤炭中的矸石及其他杂质。煤炭洗选有利于提高煤炭供给的洁净度，提高燃煤效率和降低排放。2019 年公布的《煤炭行业发展年度报告》显示，我国原煤入选率为 66%，大型洗煤厂基本实现水闭路循环利用。根据行业标准《选煤厂洗水闭路循环（MT/T 810—1999）》，闭路循环洗煤厂吨煤洗选水耗每吨煤在 $0.25m^3$ 以内。

燃煤电厂是工业耗水大户。在燃煤发电过程中，水发挥着传递能量的重要作用，与此同时，水还承担着冷却、清洁、除尘等作用。具体来说，燃煤电厂主要用水环节包括循环冷却系统补给水、除尘除灰排渣、锅炉补给水、脱硫系统用水、煤场降尘用水、生活环境用水及消防用水等，其中循环冷却系统补给水一般占全厂用水的70%左右。

近年来，我国煤制油、煤制气、煤制烯烃等煤化工产业发展迅速。煤化工产业是以煤炭为原料，经化学加工转化成气体、液体或固体，并进一步加工成一系列化工产品的工业过程，为避免煤炭的远距离、大规模运输，煤化工项目多主导坑口建设。煤化工工艺中主要用水项目包括反应用水、用于冷凝的冷却水、用于加热的水蒸气用水、洗涤用水、生活用水等。煤化工行业属高耗水、高污水排放产业，西部地区水资源承载能力有限，供水和污水处理均面临较大挑战。

1.4.3 能源开发利用全过程中对水系统的影响

能源勘探开发对水资源及水生态的影响主要包括两个方面：一是能源开发特别是煤炭开发过程中引起的地下水和地表水系破坏；二是能源开发过程中污染物的排出对地表水和地下水的污染。

传统的化石能源开发过程大多遵循"先采后治"的原则，即开采的第一目标为高效地采出能源资源，对于煤矿产出的矿井水、油田采出水大多采取排空、废水处理等方式。以煤矿为例，采矿作业产生的矿井水从地下含水层流向煤矿采空区，通过地下水库等其他手段转移存储起来，这种方式通常会产生高额的矿井水处理费用并形成巨大的矿井水地下存储工程。蒙东、新疆地区的煤田煤层厚度达到几十米，甚至达到几百米，当煤层埋藏浅、接近地表时，大多采用露天开采。露天开采具有开采成本低、资源利用率高、安全系数高等优点，但地层富水性强、渗透性好、补给源广的第四系松散层影响露天煤矿剥离、开采，导致矿坑涌水量巨大。露天煤矿长时间大流量疏排矿井水，可能造成矿区周围地下水迅速下降，进而引起周边植被枯死、土地荒漠化等一系列生态环境问题（徐智敏等，2019）。

能源化工企业排放的废水主要来源于煤炼焦、煤气净化及化工产品回收精制等过程。该类废水水量大，水质复杂，以酚和氨为主，并且含有大量的有毒污染物，其毒性大、难降解，如不经过合理处置排入水体，会对水域周边的人畜及农作物造成严重危害，甚至给区域水环境、水生态系统带来不可逆的破坏。

2 西部地区气候变化及其对能源与水资源的影响识别

西部地区自然条件复杂，地貌类型多样，水热地带性差异明显，是气候变化敏感区、脆弱区，气象灾害多发且对能源行业影响很大，严重时危及能源安全。本章通过梳理西部地区气候特征及气象风险，识别气候变化对能源安全、水安全的影响。

2.1 西部地区气候特征及变化趋势

2.1.1 气温、降水等气候要素变化特征

西部地区地处北半球中纬度，大部分区域属于干旱和半干旱区，不仅是全球气候变化响应最敏感的地带，也是生态环境变化最脆弱的地区，在全球气候与环境系统中占有极为重要的地位。《中国气候变化蓝皮书2022》（中国气象局气候变化中心，2022）指出，20世纪中叶以来全球气候显著变暖，1961年以来我国地表年平均气温也呈显著上升趋势，但不同区域间升温差异明显。1961~2021年西部地区年平均气温增温速率为0.30℃/10a，是全球增温速率的2.5倍，也明显高于全国平均水平的0.23℃/10a。西部地区最高气温和最低气温也均一致呈显著升高趋势，其中最低气温升温速率达0.39℃/10a，冬季的升温速率为0.47℃/10a。

20世纪60年代以来，西部地区年降水量总体呈增多趋势，但空

间分布差异大。西部地区中西部年降水量呈显著增加趋势,东部如甘肃东部、宁夏、陕西等地年降水量呈减少趋势。其中,新疆年降水量增加速率为 7.9mm/10a,青海、甘肃中西部地区年降水量增加速率为 5.4mm/10a。甘肃东部、宁夏、陕西年降水量减少速率为 8.2mm/10a。1987 年西部地区中西部气候出现向暖湿转型,2000 年开始降水呈显著增多趋势,特别是春季降水增加尤为明显。

地处我国西北的新疆地区呈现气温明显升高、降水增加的特征。1961~2021 年,新疆年平均气温为 8.3℃,平均气温的升温速率为 0.31℃/10a,1997 年以后出现了明显增暖,除 2003 年、2012 年外,年平均气温连续多年持续偏高,是近 60 年最暖的阶段(图 2-1)。全疆年升温趋势空间差异较小,北疆、天山山区、南疆各分区年平均气温变化趋势均呈现上升趋势,升温速率分别为 0.36℃/10a、0.31℃/10a、0.28℃/10a,北疆升温速率最大,南疆最小。近 60 年来,新疆各地年降水量均呈增加趋势;全疆区域平均年降水量为 157.8mm,增加速率为 5.0%/10a(图 2-2),北疆和天山山区增加趋势大于南疆,南疆西部大于南疆偏东地区。其中天山山区降水量增加趋势最明显,

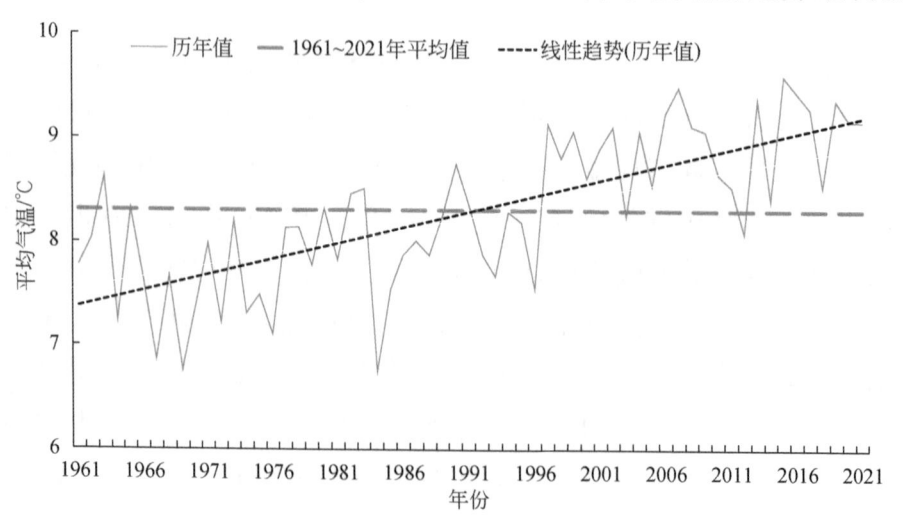

图 2-1 新疆年平均气温变化

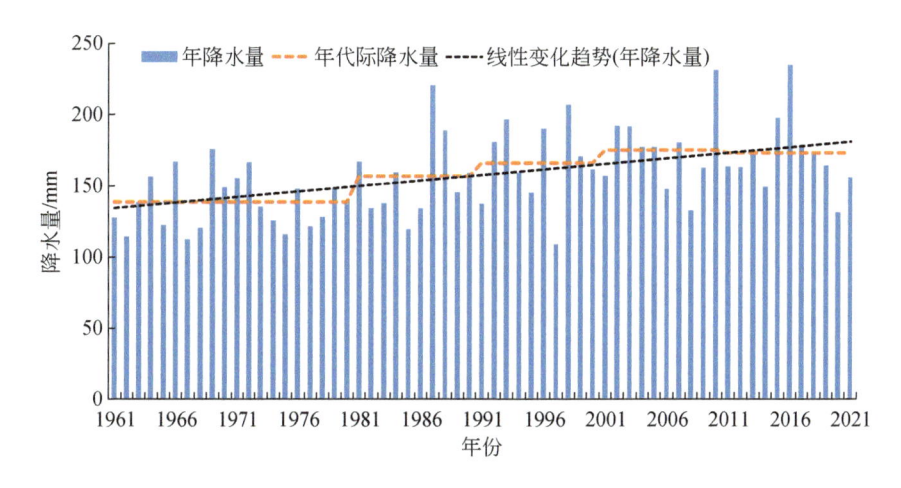

图 2-2 新疆年降水量变化

增加速率在 10~30mm/10a。全疆春、夏、秋、冬四季平均降水量分别为 42.0mm、66.7mm、32.5mm、16.7mm。从季节变化看，四季的降水量均呈增加趋势，其中冬季降水量增加趋势最明显，增加速率为 9.3%/10a；春季、夏季和秋季相当，分别为 4.0%/10a、4.4%/10a、5.0%/10a。

对鄂尔多斯盆地而言，气温升高明显，降水呈弱增加趋势。1961~2021 年，鄂尔多斯盆地年平均气温为 8.1℃。其间，该地区平均气温升温趋势明显（图 2-3），升温速率平均为 0.38℃/10a，高于同期全国（0.23℃/10a）；2011~2021 年的平均气温比 1961~1970 年升高了 1.76℃。鄂尔多斯盆地的四季平均气温也都为上升趋势，其中冬季上升速率最大（0.55℃/10a），其次是春季（0.44℃/10a）和秋季（0.29℃/10a），夏季最小（0.25℃/10a）。

鄂尔多斯盆地年平均降水量为 333.4mm。1961~2021 年，降水量有弱增加趋势（图 2-4），平均每 10 年增加 2.8mm。盆地四季降水量分别为春季 49.7mm、夏季 200.0mm、秋季 74.8mm、冬季 7.3mm；除夏季为弱的减少趋势外，其他三季均为增加趋势，其中秋季增加速率最大，为 2.2mm/10a，其次是春季 0.7mm/10a 和冬季 0.4mm/10a。

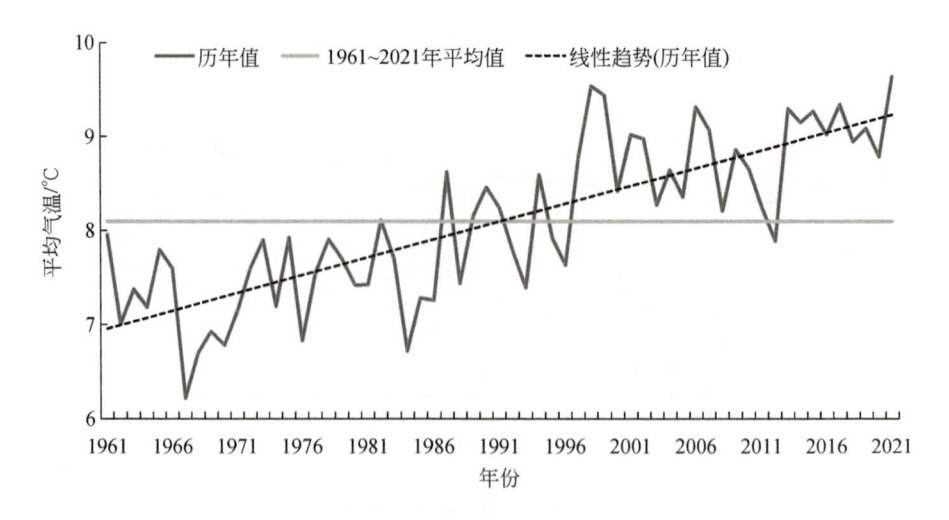

图 2-3 鄂尔多斯盆地年平均气温变化

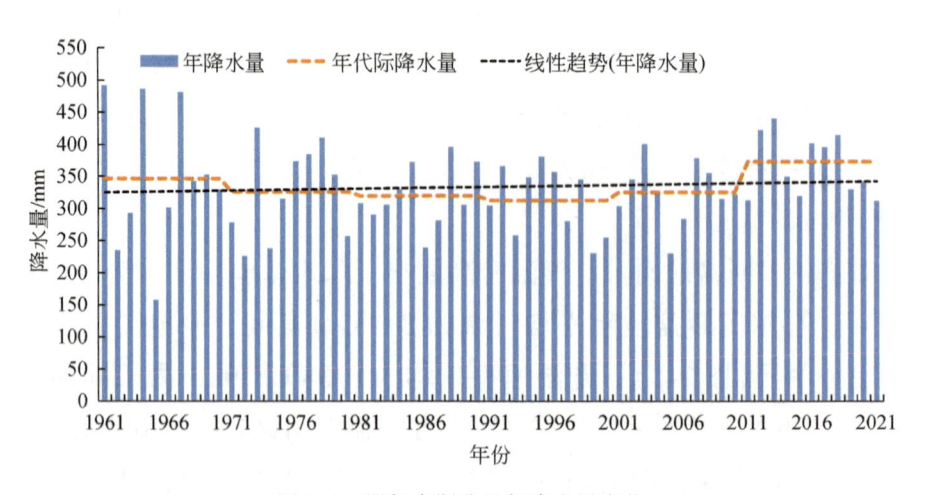

图 2-4 鄂尔多斯盆地年降水量变化

2.1.2 气象灾害风险变化特征

在温度升高的趋势背景下，西部地区山地冰川消融加速，冰湖数量和面积增大，冰川泥石流和冰湖溃决多发。自1961年以来，主要冰川面积减少8%～13%。2006年以来，三江源湖泊面积增加约5%，平均每年增加 40km²。2005 年开始，青海湖水位连续 14 年回升，2018 年水位达 3195.4m，为 1961 年以来上升幅度最大的年份。近 20 年来，西部地区植被指数增加 21%，气候生态环境有所改善。但降水增加的同时，极端降水强度普遍增强，气候灾害风险不断加大。为进一步聚焦气候变化对化石能源的影响，本节选取化石能源富集的关键区，对比分析 1961~2021 年区域低温日数、极端降水、大风日数、高温日数、干旱日数和沙尘暴等气象灾害风险变化的特征。重点研究区分别是新疆和鄂尔多斯盆地，鄂尔多斯盆地主要包括内蒙古、陕西、山西、宁夏的交界处及周边地区。

(1) 低温日数

1961 年以来，新疆低温日数呈明显减少趋势，平均每 10 年减少 2.0d。区域出现日最低气温≤-20℃的年平均低温日数为 18.5d，低温日数最多的年份发生在 1967 年，为 35.2d，最少的年份 2015 年为 7.9d。21 世纪前 10 年比 20 世纪 60 年代减少了 8.8d。北疆东部、东疆北部、北疆沿天山一带的中东部、天山地区等地为低温的高发区，上述大部分地区平均每年低温日数超过 30d，阿勒泰局部地区超过 60d，其中巴音布鲁克最多，达 102.8d。

鄂尔多斯盆地年低温日数同样呈减少趋势，平均每 10 年减少 4.4d，年极端低温的气候变化呈增加趋势，平均每 10 年增加 0.78℃。盆地出现日最低气温≤-10℃的年平均低温日数为 73.5d，低温日数最多的年份发生在 1967 年和 1970 年，达到 97.7d，最少为 2002 年的 48.2d。区域盆地内每年极端最低气温都低于-25℃，极端最低气温发生在 1970 年山西右玉，低温达到了-40.4℃。

(2) 极端降水

西部地区极端降水事件呈显著增加趋势，与降水量的增加趋势是一致的，其中新疆区域平均日最大降水量增加速率为 0.86mm/10a。新疆区域日降水量≥50mm 的暴雨日数同样呈增加趋势，增加速率为 0.6 个站日/10a，20 世纪 90 年代以来增加较为明显，2016 年出现 9 个站次的暴雨；日降雪量≥10mm 的暴雪站日数呈明显增加趋势，增加速率为 5.6 个站日/10a，20 世纪 90 年代以来偏多年份增加，2010 年出现 204 个站日的暴雪。

近年来，鄂尔多斯盆地暴雨呈增加趋势。区域的年均暴雨站日数为 29.9 个，但年际变率大，最多达到 70 个站日，发生于 1995 年，最少为 1965 年的 1 个站日；暴雨平均每 10 年增加 1.4 个站日。区域年均大雪及暴雪日数为 84.8 个站日，最多年份为 1990 年，达 175 个站日，最少为 2013 年的 9 个站日；大雪及暴雪平均每 10 年增加 2.5 个站日。

（3）大风日数

近年来，西部地区地面风速有显著减小的趋势，大风日数也呈减少趋势，其中新疆区域平均每 10 年减少 8.9d，鄂尔多斯盆地平均每 10 年减少 16.9d。新疆区域日最大风速≥8m/s 的大风日数为 62.3d/a；全疆大部分地区年均大风日数均超过 30d，特别是北疆沿天山一带的西北部和东南部年均大风日数超过 70d。鄂尔多斯盆地年均大风日数为 85.9d，其中 1969 年大风日数最多，达到 143.5d，最少则出现在 2011 年及 2014 年，为 42.2d。

（4）高温日数

随着气候变暖，西部地区平均年高温日数呈明显增加趋势。新疆高温速率增加速率为 1.0d/10a，其中，20 世纪 90 年代之后高温日数明显增加，21 世纪前 10 年比 20 世纪 60 年代增加了 4.6d。新疆地区多年平均日最高气温≥35℃的高温日数有 15.8d，高温天气在吐鄯托盆地、北疆沿天山一带、巴州南部等地区高发。

鄂尔多斯盆地多年平均高温日数只有 2.8d，但区域年高温累计站日数为214.5个，最多为2005年的646个站日，最少则为1964年的24个站日。区域年高温累计站日数增加趋势明显，平均每10年增加50.7个站日。盆地内每年极端最高气温都超过37℃，极端最高气温达到了42.8℃，出现在陕西吴堡，出现日期为2005年6月22日。

（5）干旱日数

西部地区干旱日数均呈减少趋势，新疆及鄂尔多斯盆地年减少速率分别为3.0d/10a和2.3d/10a。新疆地区年均中度气象干旱以上日数有19.9d，最多出现在1962年为65.2d，最少则为1993年的1.4d；西北部地区和中部偏东地区年均则为20d以上。鄂尔多斯盆地平均年干旱日数为37.0d，最多为1965年达112.6d，最少则为1964年的0.1d。

（6）沙尘暴

西部地区沙尘日数减少趋势明显，新疆及鄂尔多斯盆地平均每10年沙尘暴日数分别减少2.9d和8.5d。新疆平均出现扬沙及其以上的沙尘日数为16.7d/a，出现沙尘天气的最多年份为1979年，达28.7d，最少则为2014年的7.1d。沙尘天气在新疆分布为南多北少，南疆大部地区年平均沙尘日数超过20d，局地超过60d；北疆沿天山一带的中部超过10d。鄂尔多斯盆地平均年沙尘日数为25.5d，沙尘天气最多年份为1966年，达73.6d，最少为2017年为5.3d。

2.1.3 未来气候趋势预估

气候预测虽然存在不确定性，但目前国际上对于西部地区的预估趋势还是一致的。本研究以1986~2005年作为基准期，使用区域气候模式RegCM4.4针对研究区开展气候预估，重点分析新疆地区和鄂尔多斯地区未来气候趋势。

经过在大气再分析资料驱动下的大量试验的对比分析，研究选择了对中国气候有较好模拟效果的参数化组合：辐射采用 CCM3 方案，行星边界层使用 Holtslag 方案，大尺度降水采用 SUBEX 方案，积云对流选择 Emanuel 方案，陆面使用 CLM3.5 方案。试验使用的土地覆盖资料在中国区域内基于中国 1∶100 万植被数据（Gao et al.，2016；韩振宇等，2015）。该版本已经被应用在短期气候预测和区域模式国际比较计划——东亚区域第二阶段的系列试验。对气温和降水的模拟评估结果表明，该模式对中国和各流域的气候平均态、变率和极端事件都有较好的再现能力（Gao et al.，2017；Han et al.，2019；韩振宇等，2021）。在未来气候变化预估试验中，模式水平分辨率为 25km，垂直方向为 18 层。驱动区域气候模式的初始场和侧边界值由全球气候模式比较计划第五阶段（CMIP5）的全球气候模式提供，分别是澳大利亚的 CSIRO-Mk3-6-0、欧洲的 EC-EARTH、英国的 HadGEM2-ES、德国的 MPI-ESM-MR、挪威的 NorESM1-M。五个全球气候模式的大气模式的水平分辨率为 1°～2°，符合动力降尺度到 25km 的嵌套比要求。模拟试验中采用的温室气体排放方案是典型浓度路径（RCPs）系列排放情景的中等温室气体排放情景 RCP4.5。

（1）未来气温变化特征

2025～2035 年，新疆的年平均气温及四个季节的平均气温都呈增加趋势（表2-1），相对于基准期平均值的增幅均达到或超过 1.1℃，其中年平均气温增幅为 1.2℃，四季中夏季平均气温增幅最大，为 1.4℃，其次是秋季，增幅为 1.3℃，冬季和春季最小，增幅为 1.1℃；到 2036～2060 年，新疆的年平均气温及四个季节的平均气温的增幅继续扩大，且增幅的季节差异与未来近期相似。相对于基准期平均值的增幅均达到或超过 1.4℃，其中年平均气温增幅为 1.6℃，四季中夏季和秋季增幅较大为 1.7℃，其次是冬季和春季，增幅为 1.4℃。

表 2-1　未来新疆和鄂尔多斯盆地气温变化值　　　　（单位：℃）

时段	区域	年	冬季	春季	夏季	秋季
2025~2035 年	新疆	1.2	1.1	1.1	1.4	1.3
	鄂尔多斯盆地	1.0	1.0	0.8	1.2	0.9
2036~2060 年	新疆	1.6	1.4	1.4	1.7	1.7
	鄂尔多斯盆地	1.4	1.3	1.2	1.5	1.5

2025~2035 年，鄂尔多斯盆地年平均气温及四个季节的平均气温也都为增加趋势，增幅均达到或超过 0.8℃，其中年平均气温增幅为 1.0℃，四季中夏季增幅最高，为 1.2℃，冬季和秋季次之，增幅分别为 1.0℃ 和 0.9℃，春季平均气温增幅最小，为 0.8℃。到 2036~2060 年，鄂尔多斯盆地的年平均气温及四个季节的平均气温的增幅继续扩大，且增幅的季节差异与未来近期相似，相对于基准期平均值的增幅均达到或超过 1.2℃，其中年平均气温增幅为 1.4℃，四季中夏季和秋季平均气温增幅最大，为 1.5℃，其次是冬季，增幅为 1.3℃，春季平均气温增幅最小，为 1.2℃。

对于最高温度和最低温度而言，2025~2035 年，新疆、鄂尔多斯盆地的夏季最高气温、冬季最低气温都为增加趋势，增幅都是 1.1~1.2℃（表 2-2）。2036~2060 年，夏季最高气温、冬季最低气温在新疆和鄂尔多斯盆地的增幅都接近，且夏季最高气温的增幅都略大于冬季最低气温，分别增加 1.6℃ 和 1.5℃。从高温日数和低温日数来看，2025~2035 年，新疆、鄂尔多斯盆地的年高温日数都为增加趋势，其中新疆的增幅为 7.8d，盆地为 1.7d；未来日最低气温≤-10℃ 的低温日数都呈减少趋势，其中新疆减少 11.4d，鄂尔多斯盆地减少 10.9d。2036~2060 年，两个地区的高温日数继续增加，而低温日数继续减少。相对于基准期，年高温日数的增幅在新疆为 10.4d，在鄂尔多斯盆地为 2.4d；年低温日数的减幅在新疆为 15.3d，在鄂尔多斯盆地为 14.5d。

表 2-2　未来新疆和鄂尔多斯盆地年高温、低温日数的变化值（单位：d）

时段	区域	年高温日数	年低温日数
2025~2035 年	新疆	7.8	-11.4
	鄂尔多斯盆地	1.7	-10.9
2036~2060 年	新疆	10.4	-15.3
	鄂尔多斯盆地	2.4	-14.5

（2）未来降水变化特征

2025~2035 年，新疆的年降水量及四个季节的降水量皆呈增加趋势，年降水量增加 5.0mm，四季中春季增加最多为 2.8mm，其次是冬季，为 1.8mm，夏季和秋季的增幅分别只有 0.6mm 和 0.9mm（表 2-3）。2036~2060 年，新疆的年降水量及四个季节的降水量的增幅继续扩大，且夏季的增幅最大。年降水量增加 12.3mm，四季中夏季增加最多为 4.4mm，其次是春季和冬季，分别为 4.0mm 和 3.0mm，秋季的增幅最少，只有 0.9mm。

表 2-3　未来新疆和鄂尔多斯盆地降水变化值　　（单位：mm）

时段	区域	年	冬季	春季	夏季	秋季
2025~2035 年	新疆	5.0	1.8	2.8	-0.6	0.9
	鄂尔多斯盆地	20.5	0.2	-0.6	12.0	8.9
2036~2060 年	新疆	12.3	3.0	4.0	4.4	0.9
	鄂尔多斯盆地	22.1	1.2	3.1	10.4	7.4

2025~2035 年，鄂尔多斯盆地的年降水量为增加趋势，增幅为 20.5mm；四季中夏季、秋季和冬季为增加趋势，增幅分别为 12.0mm、8.9mm 和 0.2mm，而春季则呈小幅减少趋势。与未来近期不同，2036~2060 年，鄂尔多斯盆地的年降水量及四个季节的降水量都是增加趋势。年降水量增加 22.1mm，四季中夏季增加最多，为 10.4m，其次是秋季，为 7.4mm，春季和冬季的增幅分别是 3.1mm 和 1.2mm。

2025~2035年，新疆、鄂尔多斯盆地的年最大5日降水量都为增加趋势，增幅分别为0.9mm和5.1mm。2036~2060年，新疆、鄂尔多斯盆地的年最大5日降水量仍为增加趋势，但存在明显的年代际波动，增幅分别为2.1mm和4.6mm。

就极端降水而言，2025~2035年，新疆、鄂尔多斯盆地日降水量≥25mm的暴雨日数频率都呈增加趋势（表2-4），其中鄂尔多斯盆地增幅为0.3d，新疆增幅为0.02d；2031~2060年，年暴雨日数仍是增加，但增幅没有明显扩大。2025~2035年，鄂尔多斯盆地日降雪量>10mm年的暴雪日数频率变化不大，新疆的年暴雪日数增加1.74d；2036~2060年，新疆的年暴雪日数无明显变化，鄂尔多斯盆地暴雪频率呈微弱增加趋势。2025~2035年，年干旱日数（最大连续无降水日数）都为减少趋势，新疆减少2.5d，鄂尔多斯盆地减少2.3d；2036~2060年，两个区域年干旱日数仍为减少的趋势，且减幅扩大，新疆减少4.8d，鄂尔多斯盆地减少3.5d。

表2-4 未来两个时段暴雨日数、暴雪日数、干旱日数的变化（单位：d）

时段	区域	年暴雨日数	年暴雪日数	年干旱日数
2025~2035年	新疆	0.02	1.74	-2.5
	鄂尔多斯盆地	0.29	0.00	-2.3
2036~2060年	新疆	0.03	0.00	-4.8
	鄂尔多斯盆地	0.30	0.01	-3.5

（3）未来风速变化特征

2025~2035年，新疆年平均风速为减小趋势，减幅为0.01m/s；四季中冬季、春季也是减小趋势，减幅分别为0.17m/s和0.12m/s；夏季、秋季为增加趋势，增幅分别为0.20m/s和0.03m/s；2036~2060年，新疆年平均风速仍为减小趋势，减幅有所缩小，为0.01m/s。未来远期新疆四季的风速变化增减不一致，且与未来近期的变化趋势也不一致，变幅大小没有明显变化。冬季和秋季风速呈减少趋势，减幅分别为 0.14m/s 和 0.06m/s；春季和夏季则呈增加趋势，增幅分别为 0.05m/s 和 0.09m/s。

2025~2035 年，鄂尔多斯盆地年平均风速为增加趋势，增幅为 0.01m/s，四季中冬季、秋季为减小趋势，减幅分别为 0.10m/s 和 0.07m/s；春季、夏季为增加趋势，增幅分别为 0.08m/s 和 0.13m/s。2036~2060 年，鄂尔多斯盆地年平均风速为减小趋势，减幅较小，为 0.01m/s。各季节增减不一致，且与未来近期的变化趋势也不一致，变幅大小没有明显变化，与同时段新疆的季节特征类似。冬季和秋季减少，减幅分别为 0.08m/s 和 0.09m/s；春季和夏季增加，增幅分别为 0.10m/s 和 0.02m/s。

2.2 气候变化对水资源的影响及风险

气候变暖将加速冰川、积雪的消融，加之极端降水的增加，易激发山洪、泥石流等次生灾害。此外，冰川积雪消融也导致冰湖面积增大，冰湖溃决事件发生频次增加。冰川存量释放带来的径流增加红利只能持续一段时期，冰川融水量将呈现"先增后减"态势，预计到本世纪中期冰川融水可能大幅减少，同时对径流调节作用降低，对西部地区水资源安全影响深远。

2.2.1 对冰川和积雪的影响及风险

(1) 冰川

西部干旱区冰川、积雪广泛分布。冰川融水径流比较丰富，在水资源构成中占有重要地位。新疆除克拉玛依市无冰川分布外，其他 13 个市（地区、自治州）都有冰川（刘时银等，2015）。统计表明，新疆天山面积≥100km² 冰川共5条（表2-5），总面积为1115.59km²，占中国面积≥100.0km² 冰川数量的28%。

表2-5 新疆天山地区主要冰川

名称	面积/km²	所在山系	所在流域
托木尔	358.25	天山	塔里木河
土格别里齐	282.72	天山	塔里木河
乌库尔	167.84	天山	塔里木河
木扎尔特	165.83	天山	塔里木河
琼台兰	140.95	天山	塔里木河

我国冰川最早的长期定点监测站乌鲁木齐河源1号冰川（简称1号冰川）位于天山东段。物质平衡观测表明，随着全球逐渐变暖，自1960年来以来，该冰川总体上处于物质亏损状态，冰川累积物质损失已超过20m水当量。根据物质平衡数据推算1959~2009年1号冰川的冰储量亏损达2402.6万m³，即51年来1号冰川消融掉了其储量的22.4%。

由于冰川消融，1号冰川末端一直处于退缩状态，自1986年起该冰川退缩加剧，1962~1986年面积减少速率为0.005km²/a，1986~2018年为0.016km²/a，导致1993年该冰川分为两条完全独立的冰川。在东西支分开之前的1980~1993年，末端平均退缩速率为3.6m/a；1994~2018年，东、西支末端平均退缩速率分别为4.7m/a和5.7m/a（李忠勤等，2011；Li et al.，2021）。据1号冰川长期观测结果分析，乌鲁木齐河源区径流的增加有70%是冰川加速消融的补给。从20世纪六七十年代到2006年前后，新疆地区冰川总面积和冰储量分别减少了14.5%和21.5%（刘时银等，2017）。新疆天山冰川面积和储量与昆仑山接近。结合重力卫星、ICESAT测高数据及冰川模型模拟数据等手段，对整个天山地区的冰量面积、体积变化的研究发现，1961~2012年整个天山地区冰川体积减少（27±15）%，相当于冰川冰量减少

(5.4±2.8) Gt/a (Farinotti et al., 2015)。

新疆天山冰川融水主要供给塔里木河流域、伊犁河流域、准噶尔内流水系和位于东疆盆地的吐鲁番-哈密内流水系。1960年以来中国境内天山各流域冰川面积变化的统计分析结果表明，1960~2009年中国天山冰川的面积缩小了11.5%，各流域冰川面积退缩速度存在一定差异，但冰川加速消融趋势明显。其中，阿克苏河流域内的冰川因受冰碛物覆盖影响，末端后退减缓，面积减少仅约10%，伊犁河流域的冰川面积减少约24%，准噶尔内流水系的冰川面积平均减少27%，东疆盆地内流水系的冰川面积减少高达33%（王圣杰等，2011）。

帕米尔高原冰川一部分属于塔里木河西支流域，冰川面积减少比较大，接近30%，但有报道20世纪90年代以后冰川变化较小（Gardner et al., 2013；Brun et al., 2017）。喀喇昆仑山和昆仑山冰川主要补给塔里木河西支流叶尔羌河和南支流和田河等流域，冰川规模较大，面积变化率相对较小，分别为11%和8%。

依据预测结果，1号冰川将在未来50~90年内加速消融乃至消失（李忠勤等，2019），给下游流域造成严重的水资源危机。最初几十年间，冰川体积、面积与长度的减少速率基本相同，受升温情景差异的影响较弱。随着时间推移，不同升温情景下冰川体积、面积与长度减少的速率出现差异。升温速率较高的情景下，减少速率明显较高。在RCP4.5中等排放情景下，冰川的面积、长度和体积均在2090年左右降为零，届时冰川消融殆尽。在假定的急速升温情景下，冰川消亡需要时间最短，约为50年；其余升温情景下，冰川的消亡时间基本接近，约为80年。在RCP4.5、RCP6.0和RCP8.5排放情景下，冰川径流将会稳定至2050年之后快速下降；在假定的急速升温情景下，融水径流将在2030年达到峰值，随后冰川径流将快速减少。

根据1号冰川预测建立的模型和得到的敏感性参数（李忠勤等，2019），对中国境内阿尔泰山现有冰川进行气候变化的敏感性分析，结果显示在RCP4.5情景下，有256条冰川很可能比1号冰川变化、消失得快，分别占阿尔泰山冰川现有条数和面积的 91.8% 和 44.2%。这些可能消失的冰川集中分布在布尔津河、哈巴河、额尔齐斯河和拉斯特河流域。事实上，由于阿尔泰山地区冰川海拔高度低，与天山冰川相比，对气候变化更为敏感，消失也更快，在此得出的到 2090 年阿尔泰山地区有 256 条冰川消失的结论很可能是消失冰川数量的下限，实际消失的冰川将会更多。对天山现有冰川的气候变化敏感性分析表明，天山地区有 5870 条冰川很可能比 1 号冰川变化、消失得快，分别占冰川总条数和总面积的 73.2% 和 21.2%。从数量和面积上看，这些冰川主要集中在伊犁河流域、吐哈盆地以及准噶尔盆地三个地区，塔里木河流域数目最少，所占的面积比例也最小。由于天山各水系中的冰川分布和融水径流所占比例不同，冰川变化引发的水资源变化亦不相同。由于目前对塔里木河冰川的观测资料系统性不强，时间序列较短，对其未来变化过程，尤其是径流降低拐点出现时间的预测存在着不确定性。

在伊犁河流域，随着冰量的不断减少，冰川融水对河流的调节作用将日趋减弱，径流变率增大。因此对于冰雪融水补给比例较少的河流，如巩乃斯河等，其未来水资源的变化主要取决于降水的变化。而对于特克斯河、库克苏河等冰川融水补给较大的河流，短期内由于冰川的强烈消融，径流量将持续增加，长期来看会减少。同时，随着气温升高，积雪消融期提前，造成春季径流增加。总之，未来冰川变化对伊犁河流域水量的影响有限，但对径流的调节作用会大大削弱。气候变化对积雪径流的影响和可能造成的后果应该给予特别关注。

未来气候变化对天山北麓地区水资源的影响在不同流域的差别较大。对于以小冰川为主的河流，冰川融水会不断减少直至消失，从而丧失冰川对河流的补给和调节作用；对于以大冰川为主的河流，冰川融水径流仍将保持一定份额，如果气温持续升高，融水甚至有增加的可能，但随着冰川储量降低，消融面积减少，冰川融水最终会快速下降，形成径流减少的拐点。东疆盆地水系的冰川处在加速消融状态，水资源供给量处在不断恶化之中，致使未来本区域水资源极端匮乏，供需矛盾日趋激烈。

(2) 积雪

从积雪范围来看，1982~2013年，新疆平均积雪覆盖率减少了约0.9%，北疆减少约27.5%，尤为显著（Chen et al.，2016）；但在天山地区积雪范围略有增加，且冬季增加更为明显（窦燕等，2010）。

从积雪期来看，自20世纪50年代以来，新疆积雪期总体呈缩减趋势，积雪首日推迟，终日提前。其中，北疆呈现积雪首日延迟、终日提前趋势；南疆呈现出首日提前和终日延后（Ke et al.，2016）。不同区域积雪时间的变化差异可能受到局地气候因素的影响。

从积雪深度来看，近60年来，新疆积雪平均深度和最大深度均呈现显著增加趋势，冬季增加明显，春季有所减少（Dai and Che，2014；Zhong et al.，2018）。1957~2009年，新疆平均雪深变化率为0.07cm/10a，冬季为0.34cm/10a（马丽娟和秦大河，2012）。1960年以来，天山地区最大雪深增加率为0.87cm/10a（窦燕等，2011），阿勒泰地区最大雪深增加率为1.9~5.9cm/10a（王国亚等，2012）。与雪深变化趋势相似，新疆雪水当量也呈现增加趋势，冬季增加更显著，其他季节明显减少。1957~2009年，新疆平均雪水当量变化率为0.07mm/10a（马丽娟和秦大河，2012）。

未来新疆地区年平均积雪日数和积雪量将减少，且随着时间的推移，减少幅度逐渐增大，到21世纪末期最大减少幅度分别在75d和10mm水当量以上。从空间分布来看，减少较为明显的区域为山区，这也是当前分布的大值区，盆地减少幅度相对较小（石英等，2010；Shi et al.，2011）。21世纪中期，整个新疆地区除塔里木盆地部分地区外积雪开始时间将推迟，结束时间将提前；21世纪末期，积雪开始时间除个别地区外都将推迟，结束时间则在塔里木盆地西部将推后，其他大部分地区将提前。未来塔里木盆地积雪结束时间推后主要是由于其积雪开始时间推后，整个新疆地区的积雪期都是缩短的。

1960 年以来，新疆融雪径流总体呈增加趋势，融雪日期提前。自 20 世纪 80 年代开始，融雪径流占年径流比例显著增加，融水洪峰流量也在逐年增加。受冬季积雪增加和消融期提前影响，春季额尔齐斯河的支流克兰河融雪期流域径流量占总径流量的比例从 60% 增加到近 70%，最大径流月从 6 月提前到 5 月，月最大径流量也相应增加了 15%（沈永平等，2007，2013；贺斌等，2012）。

(3) 冰川和积雪相关的灾害风险

在冰川融水补给河川径流的同时，也常伴有冰川洪水、融雪洪水、冰湖突发洪水、冰川泥石流、冰雪崩和风吹雪等冰雪灾害发生。

冰湖增加和冰湖溃决洪水的潜在威胁增加。冰湖是由于冰川退缩产生的融水在冰川末端或者侧部汇集而成的高原湖泊。中国的冰湖主要分布在西藏念青唐古拉山和喜马拉雅山地区，在气候变化驱动下，这些区域冰川的冰雪融水不断增加，湖泊补给源的增加导致冰湖溃决的风险增大。

冰崩和跃动冰川危害增加。气候变暖在冰川发育区的影响，主要体现在增暖变湿：增暖会引起冰川融化，在冰川表面形成更多的断裂；变湿则会加剧冰川的物质积累，使得冰川运动速度加快。冰崩或雪崩发生后，崩塌的固态水在运动过程中摩擦受热而迅速转化为液态水冲蚀沟床和岸坡；或者直接崩入冰湖导致湖水溢坝或冰湖溃决，进而引发泥石流灾害，泥石流在运动途中或出山口后发生堆积，形成灾害链。

随着全球气候变暖，冰川退缩加剧，融水量增大，冰川洪水和冰川泥石流灾害增多，冰崩灾害随着气温升高引起的高山冰体崩解而呈增加趋势；而融雪洪水、雪崩和风吹雪随着气候变化引起的冬季积雪增加和气温升高，其灾害强度在增加。

2.2.2 对径流的影响及风险

(1) 新疆

新疆区域内山区、荒漠与绿洲交错分布，水资源分布极不均匀。荒漠与绿洲的演替对水资源分布和变化高度依赖，即"有水就有绿洲，无水则成荒漠"。新疆河流绝大部分为内陆河流，地表径流量年内分配不均匀，其中夏季（6~8月）径流量占全年径流量的50%~70%。由于全球气候变化的影响，新疆水资源问题受到社会各界和科学领域的广泛关注。

塔里木河流域地处新疆南部塔里木盆地，南部、西部和北部被阿尔金山、昆仑山和天山环抱，流域总面积约102万 km^2，是中国最大的内陆河流域。塔里木河流域属于暖温带大陆性气候，蒸发强烈，山区蒸发量达800~1200mm，平原盆地蒸发量达1600~2200mm，多年平均天然地表径流量为398.3亿 m^3，水资源总量为429.0亿 m^3（郭宏伟等，2017）。受气候变化和人类活动影响，目前有阿克苏河、叶尔羌河与和田河常年有地表水汇入塔里木河干流。

塔里木河流域三大支流阿克苏河、叶尔羌河与和田河及干流塔里木河近60年的径流观测揭示出其干支流径流变化的特征（周海鹰等，2018；刘静等，2019）。其中，阿克苏河径流量有明显的增加趋势，平均增加速率约为2.78亿 m^3/10a；20世纪50年代末至70年代末有增加趋势，之后明显减少，80年代变化较小，90年代至21世纪初急剧增加，随后急剧减少，最近几年径流量又明显增加。同期，叶尔羌河径流量有增加趋势，平均增加速率为2.15亿 m^3/10a；径流量总体以年际波动为主，且年际变率较大，无较明显阶段性特征。同期，和田河径流量有微弱的增加态势，平均增加速率为1.12亿 m^3/10a。1957~2017年，塔里木河干流径流量有微弱的减少态势，年平均径流量变化趋势为-0.48亿m³/10a，无明显阶段性变化特征，21世纪以来径流量年际变率明显增大。

发源于天山北坡的中小河流主要受春季冰雪融水和夏季降水径流的补给，具有径流年内分配不均匀、集中度高、年际变化较稳定等特点（穆艾塔尔·赛地等，2013）。天山北坡夏季受来自大西洋和北冰洋气流的影响，同时在地形的作用下，降水较之南坡更为丰富，水文特征更复杂。

玛纳斯河是天山北坡年径流量最大的河流，多年平均年径流量为12.14亿m³。1956~2015年，玛纳斯河上游肯斯瓦特水文站观测的径流量呈增加趋势，并且1995年之后年径流量明显增多；径流年内主要集中在7~8月，且有提前趋势（陆峰，2016）。

呼图壁河是天山北坡中段第二大河流，流域面积1.2万km²，出山口石门水文站多年平均径流量约为4.6亿m³，其中5~9月径流量占全年径流量的85.8%。1956年以来连续径流量观测揭示出，近56年来呼图壁河年径流整体上呈增加趋势，变化率为0.13亿m³/10a（姚俊强等，2018）；1978年以来的40年径流序列揭示出，1987年径流发生突变，突变点之后年径流量呈波动上升趋势，枯水年变少，径流年际变化幅度增大；径流年内变化不均，春季径流量增加趋势显著，2005年之后径流量年内分配的集中度有前移的趋势（魏天锋等，2015）。

乌鲁木齐河流域面积为4684km²，其中出山口英雄桥径流站以上流域面积为924km²，多年平均径流量为2.4亿m³。受降水增加和气温上升的影响，1961年以来，近45年的径流观测数据揭示出，乌鲁木齐河出山径流量总体上一直呈持续递增的态势，其线性变化率约为7.18mm/10a；1987年是径流变化由少到多的转折点（蓝永超等，2010）。

艾比湖流域是天山北坡的代表性流域，精河和博尔塔拉河是该流域的两条主要河流。精河水文站多年平均径流量为4.67亿m³，博尔塔拉河出山口的博乐站的多年平均径流量为4.97亿m³。1961年以来的57年的径流观测数据揭示出，精河径流量变化幅度并不明显，呈现极为微弱的上升趋势，增加的速率为 0.02 亿 m³/10a；同期，博尔塔拉河博乐站径流量呈现显著的上升趋势，增加的速率为 0.19 亿 m³/10a（王敬哲，2019）。

东疆河流主要发源于东天山，且以小河为主。东疆是典型的大陆性干旱气候，河川径流量主要集中在 5~9 月，占到年径流量的 80% 以上。20 世纪 80 年代以来，榆树沟和伊吾河等有冰雪补给的河流径流量呈增加趋势，并在 20 世纪 90 年代初期开始突变型显著增加，而石城子河、头道沟等无冰雪补给的河流径流量有明显的减少趋势（张昕等，2014）。

对我国西部典型寒区流域未来径流的预估揭示出，尽管天山山区降水均呈现增加趋势，但由于流域冰川径流的贡献率差异及变化，天山南北坡 4 条河流的径流量变化趋势有所不同：在 RCP2.6 和 RCP4.5 情景下，21 世纪末期库车河径流量分别增加 32.4% 和减少 0.3%；木札特河径流量分别减少 2.1% 和 10.4%；呼图壁河径流量分别增加 5.0% 和减少 8.9%；玛纳斯河径流量分别增加 29.4% 和 19.7%（陈仁升等，2019）。

(2) 鄂尔多斯盆地

鄂尔多斯盆地属于我国第二级阶梯内蒙古高原的一部分。区内河流不发育，可分为外流区和内流区。内流区分布于中央地带，湖泊众多，其次是一些内流河，基本无可开发的地表水资源。外流区河流分别从西、北、东三面流入黄河，地表水资源较丰富。

区内外流河均属黄河水系，总流域面积 33082km²。中西部高原区水系较少，北部沙漠区主要是一些季节性河流，只有东部的丘陵沟壑区以及南部的风沙滩地区水系相对发育。受地形及下垫面条件、降水量和蒸发量的影响，年径流量的地区分布差异明显。东部河网密集且处于丘陵沟壑区，降雨入渗系数小，河流径流量最大；南部无定河流域处于风沙滩地区，降水稀少，河流径流量次之；北部沙漠区多为季节性河流，只有在丰水期形成径流，河流径流量较小；西部地区水系不发达，流域内为干旱的波状高原，河流径流量最少。东部地区主要有皇甫川、沙梁川、清水川等沿黄小支流及窟野河流域。南部地区为无定河流域，境内主河道长110km，支流有榆溪河、海流兔河、纳林河。

  鄂尔多斯盆地东部的皇甫川位于黄土高原与荒漠草原的过渡地带，是黄河中游右岸的一级支流，干流长137km，流域面积3246km^2，流域出口的皇甫水文站控制面积3175km^2。1955~2013年，皇甫川流域观测的年径流量和产沙量呈显著减少趋势，其中年径流量减少的速率为6.6mm/10a；除20世纪60年代外，其余各年代径流量和输沙量呈逐年代减少趋势；进入21世纪以来，水沙年际变异更为显著。径流量序列突变点发生在1984年。皇甫川流域径流量和输沙量的减少是气候的暖干化和渐强的人类活动综合作用的结果，而大规模的水土保持措施是水沙减少的重要影响因素（魏艳红和焦菊英，2017；胡智丹等，2018）。

  窟野河发源于内蒙古自治区东胜区境内的巴定沟，是黄河中游一级支流，干流全长242km，流域面积8706km^2，入黄河的控制站温家川水文站控制面积8645km^2。流域年均降水量为393mm左右，年均蒸发量达1325mm（郭巧玲等，2017）。1950~2011年，温家川站观测的年径流量呈显著减少的趋势，减少的速度是13.1mm/10a；径流的突变发生在1979年、1996~1999年前后，1985年以来，大规模的水土保持和高强度煤矿开采等人类活动对径流量的影响加剧，径流量明显减少（白乐等，2015；郭巧玲等，2017；刘晓琼等，2014）。

  鄂尔多斯盆地南部的无定河发源于陕西省白于山，干流全长491.2km，流域面积为30261km^2。无定河流域年内降水集中，水土流失极为严重，水土流失总面积占流域面积的76.5%。无定河主要支流和干流的径流观测结果揭示出年径流量呈一致性的下降趋势。其中，1956~2009年，无定河流域白家川水文站观测的年径流量呈持续减少趋势，气候呈现干旱化趋势。径流量序列在1971年和1997年发生两次明显突变；20世纪70年代以来，人类活动影响是径流量减少的主要原因；1997年以来的退耕还林、天然林禁伐等生态修复措施对河道径流量有一定影响（张健等，2016；周园园等，2012）。

2.3 气候变化对能源系统的影响及风险

西部地区是我国气象灾害多发区，气象灾害种类多、范围广、频次高、危害大，同时又是气候变化的敏感区、脆弱区。气候变化及极端天气气候事件多发影响化石能源生产，气候变化导致的水资源变化影响能源与水资源协同发展。气候变化背景下，西部极端气候事件频发，水资源变化特征复杂，对化石能源行业长远发展形成挑战。

2.3.1 气象灾害对化石能源生产的影响

西部地区气象灾害多发，气象灾害主要有干旱、暴雨、暴雪、大风、沙尘暴、冰雹、雷电、霜冻、大雾、高温、道路结冰等，次生气象灾害有山洪、泥石流、滑坡等地质灾害，以及雪崩、森林草原火灾等。由于化石能源行业从前期勘探到开发，从日常生产到运输，几乎全过程都是野外场外作业，对自然环境条件的变化敏感，气象灾害暴露度高。

在钻井勘探过程中，影响较大的常见气象灾害有暴雨、大风、沙尘暴等，气象灾害会导致露天作业困难、风险大，直接造成钻井现场生产停工；在页岩油气田的压裂过程中，低温、冰冻天气可能导致压裂液的配液撬、蓄水池结冰，导致压裂受影响；超过5级的大风天气，会对吊装、高处作业和压裂配液、工况形成威胁。

油气田日常运行中，灾害性天气过程对安全稳定连续生产影响极大。暴雨天气过程瞬时降雨量过大，影响现场基础工作开展，伴随雷击，造成现场电气设备损坏，局部电网电压波动，用电设备短路故障，此外，暴雨造成部分储罐沉降池超警戒液位运行，有环境污染风险。

暴雪天气阻断交通，日常常规工作无法开展，储罐罐顶积雪，造成局部受力较大，易发生坍塌事故，此外积雪压垮电力线，导致大面积停电。低温天气过程中，低温环境易造成管线堵塞，管压升高，管线破漏，严重情况造成设备管线冻裂，同时，低温环境下，远传设备运行不稳定，数据传输失真，造成假液位，误报警等事故。大风天气容易使储罐保温层、房屋屋顶撕裂破损，失去保温防护功能，砂砾进入配电系统或精密仪表，造成配电系统失灵，仪表报废，大风天气可能造成供电线路电杆倾斜或断裂，电力设施发生故障，造成大面积停电，影响油区生产。高温天气易造成运转设备散热效果变差，温度持续升高后造成运转设备烧毁。

在全球变暖背景下，我国西部地区气温一致呈升高趋势。随着温度的快速上升，高温天气呈现明显增加趋势，高温日数增加显著的地区主要分布在吐鲁番市、哈密市、巴音郭楞蒙古自治州南部、环塔里木盆地部分地区，高温出现的最早日期在提前，最晚日期在推后，影响的时段在延长。21世纪，在中等排放情景下，新疆年平均气温将保持 0.30℃/10a 的升温速率，而在高排放情景下，年平均气温将以 0.6℃/10a 的趋势显著增加，未来高温热浪事件将增加。1961年以来，新疆年降水量呈增加趋势，随着年降水的增加，暴雨、暴雪日数和量均显著增加。根据国家气候中心预估，到21世纪中期，新疆年平均降水在中等排放情景和高排放情景下将分别增加9%和28%；未来极端强降水的频率、持续性和强度都呈现增加趋势。

环境温度升高将导致天然气介质黏度增加、天然气压缩机出气温度增加，对压缩机组、空冷器等设备的运行效率和能耗等会造成一定影响。燃气轮机的运行效率随环境温度升高而降低，相应的单位能耗随环境温度升高而增大。另外环境温度升高会降低燃气轮机的输出功率。在标准工况即环境温度15℃，海拔高度0m的状态下，环境温度每升高1℃，燃气轮机的输出功率降低约1%，一定程度上降低了管道系统最大输气能力。

暴雨可能造成洪涝水灾，甚至会引发山洪。2015年6月15日18时左右，准东采油厂火烧山地区普降暴雨引发山洪，洪水进入火烧山油区造成火烧山油区及生活区全部停电，306口生产井停产，109口注水井停注。2017年7月1日，吉木萨尔县山区突降暴雨，形成暴发性山洪，吉36_H井涵管被树根堵塞，洪水冲出泄洪渠导致井场及周边农田大面积水淹，过水面积达1360亩[①]。

大风可引发沙尘、风灾，容易造成房屋及设施受损。2018年5月28日、10月28日，两场超过5级的大风共导致12座单井圆罐的罐顶损坏及部分油井井口、管线的保温层损坏，造成财产损失。2018年11月25日和12月1日克拉玛依两场14级以上大风，造成现场大面积停电，数据远传失效，大量房屋屋顶、门窗破损，车辆无法正常使用，现场大面积停产。2019年5月4日凌晨2点至早上7点半，因吉木萨尔地区刮大风，导致页岩油作业区JHW043井压裂施工停工5.5小时。

低温冷冻及雪灾等极端天气极易造成能源生产设备、电力、通信、交通等基础设施冻损，直接影响能源生产及运输。2018年11月13日，吉木萨尔地区气温断崖式降至零下17℃，早上6点，在准东采油厂致密油采油作业区，J10064页岩油水平井正在进行35级大型压裂施工，因低温（冰冻），现场陆续出现冻堵现象，用来配制压裂液的配液撬发生堵冻，蓄水池开始结冰，压裂缓冲罐、高架柔性罐内的液体也逐渐开始结冰。

2.3.2 气候变化对化石能源用水的影响

我国西部地区在气候上属于干旱和半干旱区，在全球变暖背景下，西部地区呈现出气温上升、降水增加、径流增多的"暖湿化"现象。然而，由于区域降水基数小，累计增加降水量仅有10~50mm，而且降

---

① 1亩≈666.7m²。

水增加的同时升温速率比较快，蒸腾和蒸发量增加，地面实际干湿状况没有发生根本性改变。

新疆作为内陆河流分布较多的地区，冰川积雪径流补给占比大，在快速升温背景下，冰川积雪消融加速，短期来看，冰川退缩将使河流水量增加，但这种增加并不可持续，随着冰川的持续退缩，冰川融水将锐减，以冰川融水补给为主的河流，特别是中小支流将面临逐渐干涸的威胁。新疆除克拉玛依市无冰川分布外，其他13个市（地区、自治州）都有冰川分布，其中天山山区冰川数量、面积和冰储量分别占全国总量的16.3%、13.9%和15.8%。1961年以来，新疆的冰川总体处于退缩状态，积雪范围呈减小趋势，其中，天山山区冰川总面积缩小了11.4%，2001年以来天山山区雪线高程呈升高的趋势，上升速率达276m/10a。伴随气候变暖，新疆未来冰川数目和体积将减少，积雪量整体也将减少。预计到2090年前后，天山山区将有5870条冰川消失，分别占目前冰川总条数和总面积的73.2%和21.2%，主要分布在天山中东部，对新疆特别是北疆影响重大（李忠勤等，2019）。

化石能源行业水资源需求量大，水资源依存度高。短时期看，西部地区水资源量增加，水资源约束有所降低，但是从长远看，水资源变化特征复杂，形势不容乐观。应提高化石能源行业用水效率，减少水资源使用量，降低气候变化背景下水资源变化给化石能源行业长远发展带来的不利影响。

2.3.3 气候变化对化石能源配置的影响

在能源系统中，配置环节是沟通生产和消费的重要环节，化石能源的运输转移高度依赖基础设施。化石能源的配置主要是通过公路、铁路干线交通运输和管道网线运输。对于交通运输而言，在煤炭、油气能源运输过程，高温、低温、雾、雨、雪、冰冻、风、沙尘暴等气象条件对交通运输安全有着重要的影响。雾、雨、雪等恶劣条件能见度降低，从而易发交通事故，影响能源运输；暴雨等极端天气引发的山洪泥石流还可能冲毁公路、公路，影响能源运输补给稳定。对于管网运输而言，一方面气候变化会导致管线内介质的黏性发生变化，影响运输效率，进而影响能源供应。2021年2月中旬，美国南部遭遇强寒潮天气过程期间，得克萨斯州天然气需求快速上升，然而由于天然气管道冰堵导致管网瘫痪，天然气电厂无法发电导致大面积停电，引发停水、物资短缺等一系列连锁反应。另一方面，在气候变化背景下，极端事件的增加可能导致次生地质灾害增加，对管网等基础设施造成威胁，例如崩塌、滑坡、泥石流等，会影响到管道工程所在之处的基础设施安全。

2.4 气候变化对生态环境的影响及风险

全球气候变暖引起西部干旱区降水时空不均匀性差异变大，极端干旱事件的频率和强度显著增加，造成该地区水资源不确定性增加、植被退化、土地荒漠化、生态系统脆弱等一系列影响区域可持续发展的突出问题（Tian et al.，2012），气候变化对西北典型下垫面生态环境的影响不容忽视。

1999~2010年，西部地区植被总体变化趋势良好，其中归一化植被指数（normalized vegetation index，NDVI）显著上升区域主要分布在昆仑山、塔里木河流域、准噶尔盆地、祁连山、宁夏、陕南地区以及青海南部等地区。虽然西部地区大部分属于干旱气候，潜在蒸发量大于降水量，植被覆盖率整体较低，但是在河流密集区域，由于人类引水灌溉，自然植被和农业植被都呈增长趋势，植被覆盖度下降区域仅占整个区域的14%。植被显著下降地区主要位于新疆北部地区的天山、阿尔泰山、昆仑山、兰州以及陕西西南的部分地区。植被覆盖度下降主要原因是气候干旱、沙漠化加剧以及城市化发展。整体来看，西部大部分地区NDVI在植被生长期改善较好，只有新疆北部地区植被改善相对较弱。干旱地区植被生长与气温和降水关系密切,与气温相关区域明显大于与降水相关区域,青海南部地区植被生长则同时受气温和降水的显著影响(韦振锋等,2014)。

新疆荒漠土地遍布全疆,北起阿尔泰山南麓前山丘陵带,南抵昆仑山山麓,西至帕米尔高原,东止甘肃和中蒙边界。最高分布在海拔 3500m 的昆仑山区,最低到海拔-154m 的艾丁湖。

天山荒漠区地处温带中亚荒漠区,是新疆典型的草地荒漠区。天山荒漠区 NDVI 呈现出北部大、南部小的分布,高值区主要位于天山山区中段。气温和降水与 NDVI 的相关性很好,其中气温与 NDVI 呈负相关,降水与 NDVI 呈正相关。降水是影响天山山区植被长势的主要因子。

新疆塔里木盆地是我国最大的内陆盆地,同时也是我国最大的荒漠区。20 世纪 60 年代以来,受全球变暖和人类活动的影响,人工绿洲面积扩大,但荒漠面积也在扩大,荒漠—绿洲过渡带面积减少(Wang et al.,2013)。在 1998 年以前,塔里木盆地的植被覆盖度和 NDVI 呈缓慢增加趋势,而此后出现明显的下降趋势。由于全球变暖导致蒸发加剧,土壤水分蒸散加大,同时耕地面积的扩大挤占了荒漠—绿洲过渡带的生态空间,导致荒漠—绿洲过渡带萎缩,物种多样性减少,生态功能下降。

鄂尔多斯盆地位于我国典型的荒漠—草原—落叶阔叶林生态过渡带,气候变化明显,生态系统脆弱,能源资源丰富。由于气候变化及不合理的垦荒和过度放牧造成严重的土地荒漠化,鄂尔多斯已经成为我国北方的主要沙尘来源。2000 年以来,鄂尔多斯市在大规模开发能源的同时,也在不断加强生态环境的保护,草原禁牧、退耕还林还草致生态恢复区的植被覆盖度有明显提高。2010 年,鄂尔多斯市的草地、荒漠裸地和农田为主要生态系统类型,分别约占市域面积的64%、21% 与 6%,生态系统质量整体偏低。生态系统质量与降水、退耕还草工程、道路密度、气温、农业生产总值、放牧因子相关性显著(董天等,2019;侯宏冰等,2020)。

3 西部地区化石能源发展和水资源利用现状与需求分析

能源资源勘探、开发建设、开采生产及石油化工各个环节均需要消耗大量的水资源。本章重点梳理西部地区煤炭生产、火力发电和石油天然气开发过程中的用水现状，构建协同安全指标体系，开展西部地区能源与水协同安全水平评估，预测未来西部地区能源开发的水资源条件及供需态势，综合分析水资源对能源开发利用的约束。

3.1 能源产业用水现状

3.1.1 能源开发用水特性

(1) 煤炭开采、洗选用水特性

水资源是煤炭工业的资源要素，是煤炭工业生存与发展的命脉。开挖煤矿需要水，因此煤矿地质勘探的同时就要寻找水源。从勘探阶段钻井用的泥浆到冬季生产井下的保温送风，从工作面洒水降尘到产品洗选加工，煤炭生产的每一个环节都离不开水。煤炭坑口发电、气化液化等煤炭的转化、精细加工和深加工更离不开水作为工作介质（表3-1）。

表 3-1 煤炭生产主要用水环节

生产环节	用水环节
井工煤矿采煤	水力采煤、水力提升、降尘洒水、机械化采煤、硬顶板注水软化用水、水砂充填和井下注浆用水、矸石山防灭火喷水和预注水、爆破钻孔用水、采暖通风锅炉用水、机械设备冷却用水
露天煤矿采煤	采场工作面降尘洒水、汽车运输道路洒水、穿孔爆破钻机用水、排土场土地复垦用水
煤炭洗选加工	破碎降尘用水、重选工艺用水、浮选工艺用水、真空泵循环冷却用水、压缩机循环冷却用水
煤炭洗选加工转化	煤化工气化冷却水、焦化熄焦水、电站锅炉汽轮机用水、电厂循环冷却水、电厂水力冲渣、湿法排灰用水、配制水煤浆用水、压制型煤用水

煤矿辅助生产的各个部门用水包括煤矿地面辅助的生产用水、煤炭企业生活用水。煤炭行业没有特殊的用水部门，一般工业用水就可以满足绝大多数场合的用水水质要求，但对于选煤厂补充水则须达到规定的三项水质标准：①补充洗煤清水中的固体悬浮物含量应低于400mg/L；②水体的 pH 在 6～9 之间；③水体的总硬度应低于100mg/L。

（2）火力发电用水特征

水在火力发电厂的生产过程是一个能量转化过程。水或水吸收热能后生成的蒸汽是热力系统的工作介质，水发挥着重要的传递能量的作用。同时，水在火力发电厂的生产过程中还担负着重要的冷却作用，用以冷却涡轮机排出的蒸汽、冷却转动设备的轴瓦等。水同时还肩负着清洁的作用，湿式除尘器、湿式或半干法烟气脱硫系统、输煤栈桥喷淋等都不能缺少水。

在火力发电厂生产过程的各个环节，几乎都离不开水，无论是做功的工质还是冷却的工质都是由水或气态的水来完成的。火电厂耗水环节主要包括：发电厂循环冷却系统补给用水、电厂除尘除灰排渣渣用水、锅炉补给水、辅助设备的冷却水、脱硫系统用水、煤场用水、电厂生活及消防用水。

火电厂生产需要足够的水量的同时，还需要一定的水质保证。火电厂生产的水质依用途不同而异。但总的原则是应尽可能防止在供水系统内产生沉淀、结垢或使金属部件产生磨损和腐蚀。直流供水时冷凝器冷却水需清除水草杂物和粗硬的砂粒，利用海水时还应有防止水生物影响的措施。其他用水也不用含有过量的悬浮物。锅炉补水的水质要求很高，要求尽可能提供水质较好且稳定的原水。

(3) 石油天然气开发用水特征

油气田开采行业中的钻井、洗井、压裂、注水等活动均需用水（表3-2），其中注水工作用水最多且对水质要求较高。在勘探和油气田开发建设环节，钻井爆破过程中需要水对钻机进行冲洗及冷却，水也是井眼冲洗、运移岩屑、固井施工环节的必要介质和载体。在油田开发过程中，地层中开采石油抽空的空隙需要重新注水，以保证地层压力，提高采收率。页岩气是我国非常规油气资源勘探和开发的重点，与常规天然气开采不同，其开采初期需要水力压裂技术以裂解岩体、形成导流裂缝，水力压裂过程需要大量的水。石油化工也是水密集型工业，其新鲜水用途可大致分为工艺用水、锅炉软化和脱盐水、循环冷却用水、运输清洗洒水、生活和消防基建用水。

表3-2 油气生产主要用水环节

生产环节	用水环节
资源勘探	爆破钻机用水、井下注浆用水、工作面降尘洒水
开发建设	爆破钻机用水、井眼清洗、运移岩屑、固井施工、工作面降尘洒水
开采生产	注水开采、水力压裂、石油预加工用水、汽车运输清洗洒、矿区生活用水、绿化用水
石油化工	工艺用水、锅炉软化水和脱盐水、循环冷却用水、运输清洗洒水、生活用水、消防和基建用水

3.1.2 西部地区能源产业用水现状

本研究重点分析西部地区煤炭、石油、天然气和火力发电等能源产业的用水现状。要特别说明的是，本研究未考虑取水和循环用水。本研究采用定额法估算能源生产用水量，公式如下：

$$WT_p = \sum_{i=1}^{4} W_{i,p} \quad (3\text{-}1)$$

$$W_{i,p} = \text{Scale}_{i,p} \times \text{Quota}_{i,p} \quad (3\text{-}2)$$

其中，WT_p 为省份 p 对能源生产的需水量；$W_{i,p}$ 为省份 p 分别对 i 能源的需水量；$\text{Scale}_{i,p}$ 表示省份 p 的 i 能源计划生产规模；$\text{Quota}_{i,p}$ 代表省份 p 的 i 能源的产水指标。

西部地区是国家重要的能源基地，西电东送、西气东输等重大工程将西部地区的能源输送到了东部地区，在保障国家能源安全中发挥了重要作用。能源生产和消费异地性带来了大量虚拟水流动，能源虚拟水转移量计算如下：

$$VW_p = \sum E_{i,p} \times \text{Quota}_{i,p} \quad (3\text{-}3)$$

其中，VW_p 为与能量虚拟水转移量，$E_{i,p}$ 为省份 p 的 i 能源的能量转移量。

西部地区各省份的能源生产用水量见表3-3。西部地区能源生产用水量为26亿 m^3，约占区域总用水量的3.4%和区域总工业用水量的61.8%。火电用水强度最高，用水占比最大，在2017年能源生产用水量中占比57.6%。煤炭占西部地区能源产量的84.6%，但在开采、选洗环节用水较少，煤炭开采用水量约为火电的1/3。西部地区天然气生产用水量为220万 m^3，仅占能源用水量的0.1%。此外，延长油田、长庆油田所在的陕西是目前西部地区最大的产油和石油用水地区，其采油用水量占全区的74.8%。

不同的能源生产技术和能源储备条件导致了区域能源耗水量的差

异，合理配置是水资源安全保障的关键。内蒙古是西部地区最大的能源生产地区，也是能源耗水量最大的地区。2017年，内蒙古能源生产耗水量达到7.31亿m³，占区域工业耗水量的79.6%，这说明内蒙古工业耗水大部分被能源部门消耗。能源行业也是新疆和陕西的主要工业耗水部门，其用水量占当地工业耗水的比例分别为75.3%和74.6%。青海省是西北地区能源耗水量最少的省份，耗水量仅为2830万m³。青海地区能源部门耗水量最小，仅占区域工业的18.9%。从表3-2中可以看出，西部地区能源生产耗水占工业用水的比例高达61.8%，但由于工业行业本身耗水量较少，能源行业用水仅为25.6亿m³，远低于区域农业耗水规模。相比于大型灌区和城市，能源基地更多是点状供水，相互距离较远，且规模大小不一，如何合理配置区域水资源，降低单个地区的水资源压力是能源基地用水安全的关键。

表3-3 2017年各省份能源生产用水量

省份	原煤产量/万m³	石油开采/万m³	天然气产量/万m³	火电生产/万m³	用水总量/万m³	能源用水量与本地工业的比率/%
新疆	11 030	4 870	70	28 430	44 400	75.3
青海	350	540	20	1 930	2 830	18.9
甘肃	1 310	150	0	8 570	10 030	35.8
宁夏	2 370	0	0	13 730	16 100	47.4
陕西	15 990	16 610	120	19 030	16 100	47.4
内蒙古	28 090	20	0	45 000	73 110	74.6
山西	27 040	0	10	31 070	58 120	50.1
合计	86 160	22 200	220	147 770	256 350	61.8

西部地区是能源的净输出区。根据《中国能源统计年鉴》，2017年西部地区能源流入量为2.6亿tce，其中8860万tce来自其他国家；但西部地区的能量流出量达到了9.5亿tce，其中大部分输送到中国东

部和中部省份。研究区能源贸易相关的虚拟水转化情况如图3-1所示。2017年，区域虚拟水净转移量约7.1亿 m^3，占能源生产用水量的27.7%，这意味着与能源生产有关的大部分水资源在当地被消耗。与能源转移模式类似，内蒙古是最大的虚拟水出口地区，虚拟水出口量为3.6亿 m^3，出口虚拟水占总量的38.9%。虽然新疆与山西能源输出差距仅为3%，但由于能源类型的差异，虚拟水出口差距达50%。

研究区各省份的净虚拟水转换量和水压力指数（water stress index，WSI）如图3-2所示。2017年西部地区平均WSI为0.52，处于严重的水分胁迫水平；能源的生产进一步增加了区域水资源的压力。从图3-2可以看出，除青海外，西部地区的其他6个省份都面临着水资源胁迫（WSI≥0.2），其中5个省份存在严重的水资源短缺（WSI≥0.4）。宁夏是西部地区最缺水的地区，其WSI高达1.3。

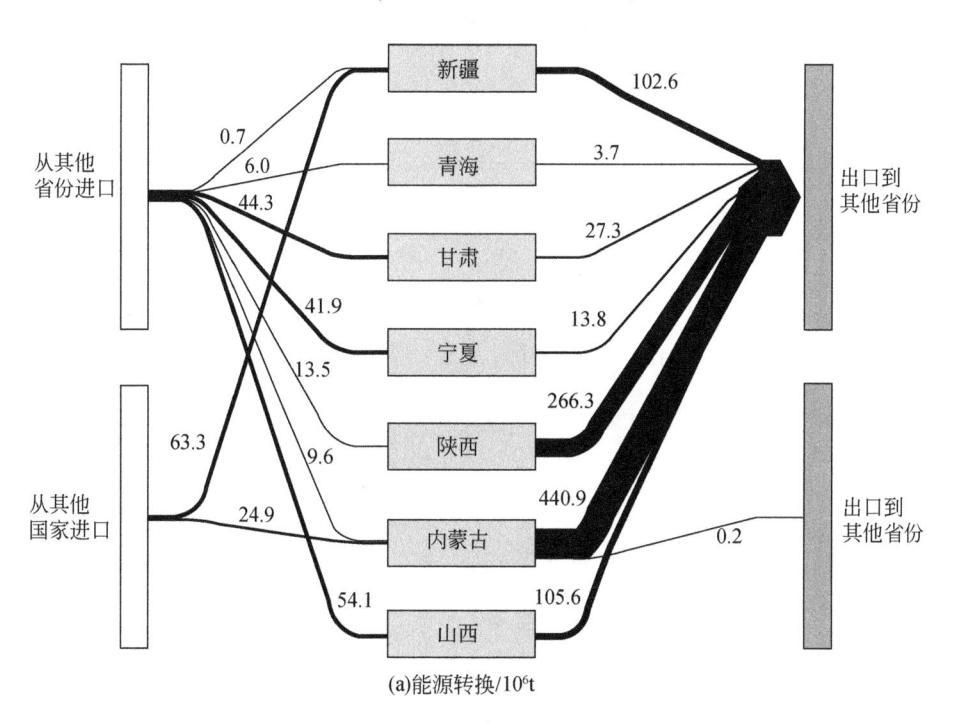

(a) 能源转换/10^6t

(b)虚拟水转换/$10^6 m^3$

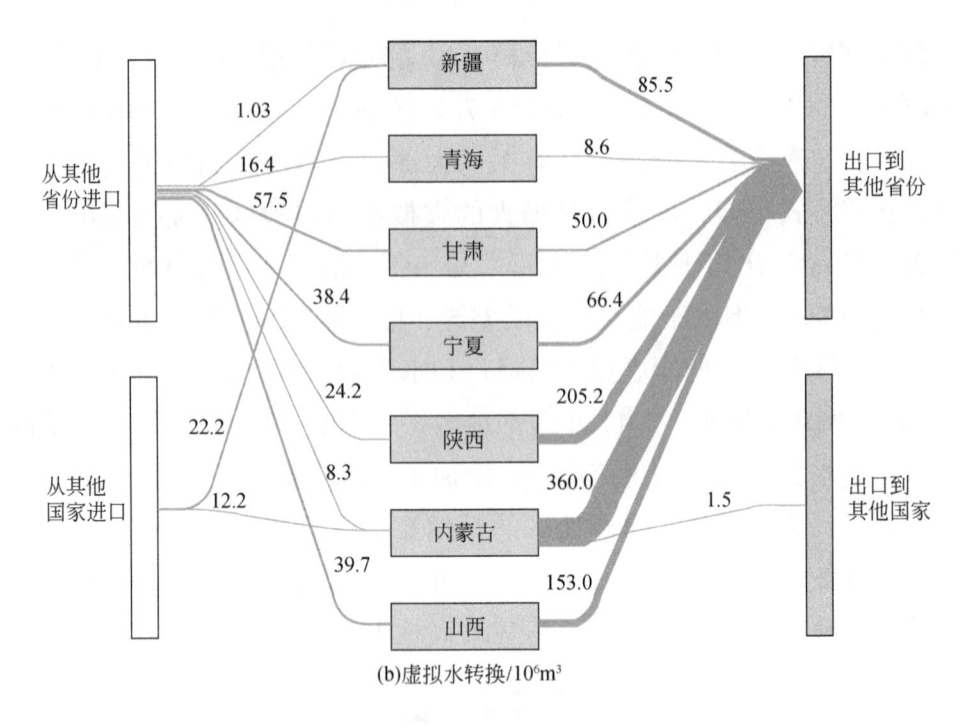

图 3-1　西部地区能源与虚拟水转换

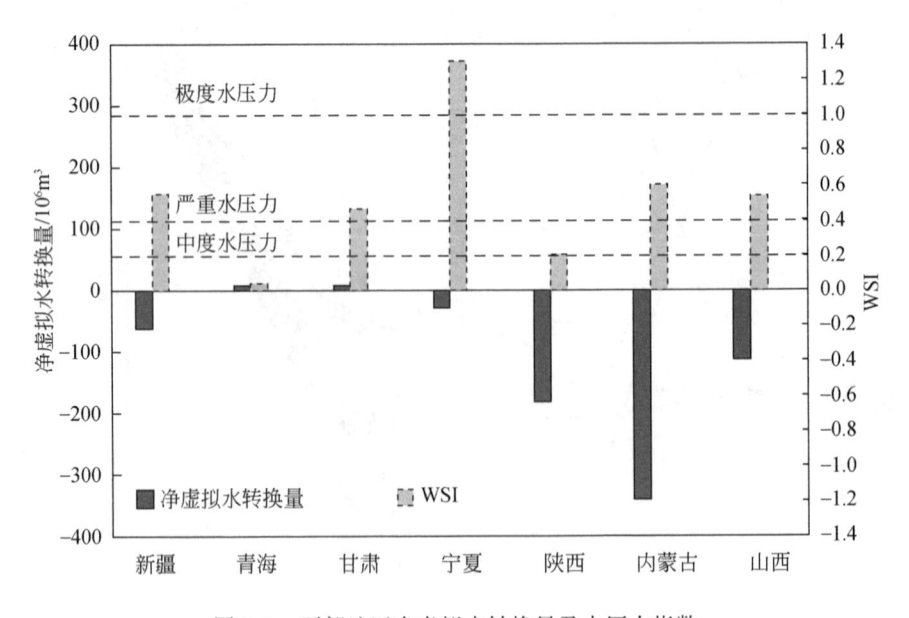

图 3-2　西部地区净虚拟水转换量及水压力指数

3.2 能源与水系统协同安全评价

3.2.1 能源与水系统协同安全指标体系构建

能源与水系统间联系紧密、相互依存。能源的开发利用需要水资源的投入，水资源的调度及水处理过程均需消耗能源。能源与水各个子系统耦合起来形成复杂的巨系统，能源与水系统既受系统内部供需不稳定的影响，又受外部环境经济社会发展状况、生产水平、发展政策等变化影响，存在着耦合性、关联性、模糊性（Zhang et al.，2019）。本节构建能源与水系统协同安全指标体系，通过解析单系统各自的可靠性、系统间的协同性和系统对外界环境的韧性，掌握能源、水资源各系统内部、系统间交互过程中的资源配置水平及对外界环境的抗风险能力，全面评价西部地区能源与水系统协同安全水平现状，通过障碍因子识别及风险概率预测探讨影响区域能源与水系统安全的主要因素。

健康可持续的能源与水系统是指在一定区域环境容量内，能源与水各子系统内部尽可能保证数量与质量充足安全；能源与水系统间尽可能提升其协同效率水平，促进社会生产，实现资源的优化配置；除此之外，能源与水系统可通过社会、经济、政策等手段进行调通，最大程度的提高系统抗风险能力，增强能源与水系统对外部环境的适应能力，促进相互协同，形成相对安全、风险较低的系统，推动区域可持续发展。

能源与水协同安全指标体系构建过程主要遵循系统性原则、综合性原则、科学性原则，同时注重实用性、区域性、以及可比性、可操作性和可量化原则，基于能源与水系统共生性，体系共包括3大类指数（表3-4）：可靠性指数、协调性指数和韧性指数。其中，可靠性指数表征各子系统内部耦合安全状态,主要从各子系统内部资源数量、质量、供需水平等角度开展评价,各子系统可靠性指数越高,能源与水系统越有趋于安全;协同性指数表征两两子系统间的耦合安全风险状态,由于能源与水系统间既存在着竞争关系,又存在着合作关系,因此可以从两两系统间转化效率和影响程度等角度进行评价,协同水平越高,资源配置和利用效率越高,能源与水系统越趋于安全;韧性指数表征系统外部耦合安全风险状态,即抗风险能力,可选择能源与水系统面对外界压力、风险、环境等冲击扰动时的抵抗风险能力相关指标,抗风险能力越高,系统越趋于安全(Schlör et al., 2018)。

表3-4 能源与水协同安全评价指标体系

目标层	准则层	要素	指标	属性	编码
水与能源协同安全	可靠性 Ra	水资源系统	人均水资源量/m³	正	Ra1
			人均用水量/m³	负	Ra2
			水资源开发利用率/%	负	Ra3
		能源系统	人均能源生产量/kgce	正	Ra4
			人均能源消费量/(kg/人)	负	Ra5
			能源自给率/%	正	Ra6
	协调性 C	水与能源间利用效率	工业用水重复利用率/%	正	C1
			非常规水占比/%	正	C2
			水生产和供应能耗占比/%	负	C3
		能源系统用水效率	水电生产占比/%	正	C4
			火电生产耗水量/亿 m³	负	C5
			万元工业增加值用水量/m³	负	C6
	韧性 Rs	经济-社会-环境系统	农业用水占比/%	负	Rs1
			能源消费弹性系数	负	Rs2
			万元 GDP 用水量/m³	负	Rs3
			万元 GDP 能源消费量/(tce/万元)	负	Rs4
			污水处理率/%	正	Rs5
			化石能源消费占比/%	负	Rs6

开展能源与水系统协同安全评价时，由于不同指标间量纲不一致不具直接可比性，首先对指标进行无量纲化处理以消除量纲带来的影响，其中正向指标使用公式（3-4），逆向指标使用公式（3-5）进行处理。

$$正向指标：X_{ij} = \frac{x_i - x_{\min}}{x_{\max} - x_{\min}} \quad (3-4)$$

$$逆向指标：X_{ij} = \frac{x_{\max} - x_i}{x_{\max} - x_{\min}} \quad (3-5)$$

式中，X_{ij} 为指标标准化后的数值；x_i 为第 i 个指标的原指标值；$x_{\min}$、$x_{\max}$ 分别为指标原值中的最小值和最大值。

采用权重加权方法确定各准则层协同安全结果，可靠性、协同性和韧性评价计算公式如下：

$$\text{Ra}(x) = \sum_{i=1}^{n} a_i x'_i \quad (3-6)$$

$$C(y) = \sum_{j=1}^{n} b_j y'_j \quad (3-7)$$

$$\text{Rs}(z) = \sum_{k=1}^{n} c_k z'_k \quad (3-8)$$

式中，Ra（x）、C（y）、Rs（z）分别为可靠性、协同性和韧性评价指数；a、b、c 为各指标的权重；x'_i、y'_j、z'_k 为标准化后的数据；i、j、k 为各系统内的指标数量。

将准则层的 3 个子系统评价指数耦合可计算得出最终能源与水系统指数（Zuo et al.，2018），计算公式如下：

$$T = \alpha S(x) + \beta C(y) + \gamma E(z) \quad (3-9)$$

式中，T 为能源与水系统的耦合安全风险水平；α、β、γ 为各子系统对社会发展的影响程度权重。

权重采用层次分析与熵权法结合的方式确定，既能在很大程度上降低主观因素的干扰，又能避免单纯客观法确定权重与指标实际重要程度不符的情况，能够真实地反映评价指标权重。主要计算过程包括两个步骤：①层次分析法，该法较为科学简单、便于操作，可参考学者计算步骤，在此不详细赘述；②熵权法，通过将数据归一化后确定信息熵，继而确定权重。层次分析法与熵权法结合确定综合权重为 W_j。

$$x'_{ij} = \frac{x_i}{\sum_{i=1}^{m} x_{ij}} \tag{3-10}$$

$$E_j = -\frac{1}{\ln n}\sum_{j=1}^{n} x'_{ij} \ln x'_{ij} \tag{3-11}$$

$$w''_j = \frac{1 - E_j}{n - \sum_{j=1}^{n} E_j} \tag{3-12}$$

$$w_j = \frac{w'_j w''_j}{\sum_{j=1}^{n} w'_j w''_j} \tag{3-13}$$

式中，x_{ij} 为正向化后的第 i 个样本第 j 个指标的值（$i=1,\cdots,m$；$j=1,\cdots,n$）；m 为样本个数；n 为指标个数；x'_{ij} 为归一化后的指标值；E_j 为第 j 组指标的信息熵；w''_j 为第 j 组指标的权重。

本方法构建的能源与水系统协同安全指标综合结果在 0~1，将指标值以 0.2 为步长进行分类划分，共划分为 5 个等级，分别为极不安全、不安全、临界安全、较安全、非常安全 5 级。

为识别能源与水系统影响的重要因子，本研究运用障碍度模型进行障碍因子诊断。

$$F_j = w_j w_j^* \tag{3-14}$$

$$I_j = 1 - x_{ij} \tag{3-15}$$

$$P_j = \frac{F_j I_j}{\sum_{j=1}^{n} F_j I_j} \tag{3-16}$$

式中，F_j 为第 j 个评价指标的因子贡献度；w_j^* 为指标 j 所属准则层的权重；I_j 为第 i 个样本第 j 个指标的指标偏离度；P_j 为评价指标障碍度。

3.2.2 能源与水系统安全风险评价方法构建

能源与水系统密切相关，是非独立的随机变量，本研究引入 Copula 函数定量评估能源与水系统风险等级和风险概率，对比分析西部地区协同安全保障程度和主要问题。Copula 函数是求解多变量概率问题优良的数学工具，通过独立随机变量的边缘分布来反映变量之间的相关性。Copula 函数完全适用于多因素耦合安全风险分析，构建的多变量概率模型简便、适用性强，可以准确、客观地评估耦合安全因子协同作用下的发生风险概率大小，是减缓或扭转风险持续增长趋势的前提基础（Cai et al., 2021）。

Copula 函数应用基本流程包括：①根据实际研究选定随机变量；②确定各随机变量的边缘分布；③计算相关系数并进行显著性检验；④确定备选 Copula 函数的参数；⑤对 Copula 函数进行拟合检验与优选；⑥推求联合概率分布和条件概率分布。在本研究中关键步骤主要为：①构建可靠性指数、协同性指数和韧性指数的单变量边缘分布函数，确定最优拟合函数并计算概率；②构建二维可靠性–协同性（Ra-C）、协同性–韧性（C-Rs）、可靠性–韧性（Ra-Rs）及三维可靠性–协同性–韧性（Ra-C-R）的联合分布函数，确定最优拟合函数并计算概率。

Copula 函数不限定变量的边缘分布，通过 Copula 模型，可以将 k 个任意的边际分布连接起来，形成一个多变量联合分布概率模型。采用 Copula 函数对能源与水系统安全风险评价体系中的 18 个指标变量进行边缘分布函数计算，计算后得到边缘分布函数，$F_1(x_1)$、$F_2(x_2)$、$F_3(x_3)$、$\cdots$、$F_n(x_n)$ 是其边缘分布函数，F 为 n 维联合概率分布函数，则存在 Copula 函数 $C:[0,1]^n \to [0,1]$，使得：

$$F(x_1,x_2,\cdots,x_n)=C[F_1(x_1),F_2(x_2),\cdots,F_n(x_n)] \quad (3-17)$$

若边缘分布函数 $F_1(x_1)$、$F_2(x_2)$、$F_3(x_3)$、…、$F_n(x_n)$ 是连续的，则 Copula 函数唯一确定。

本研究采用常见的单变量分布函数，如 Weibill-Copula、Gamma-Copula、Exp-Copula、Normal-Copula 和 Lognormal-Copula 等，采用极大似然法估算参数，并通过拟合优度检验（goodness-o-fit test）来判断一组数据是否服从于以上某种分布，常用的拟合优度检验方法有 Q-Q 图法、K-S（Kolmogorov-Smirnov test）检验等，其中 K-S 检验结果较为精准，本研究采用 K-S 检验确立最优的边缘分布函数。各分布函数计算公式如表 3-5 所示。

表 3-5 五种常见的 Copula 函数

Copula 函数	公式	参数
Weibill	$f(x) = \dfrac{b}{a}\left(\dfrac{x}{a}\right)^{b-1}\exp\left(-\dfrac{x^b}{a}\right)$	a 为比例参数；b 为形状参数
Gamma	$f(x) = \dfrac{\beta^{-\alpha}}{\Gamma(\alpha)}x^{\alpha-1}e^{-x/\beta}$	β 为形状参数；α 为尺度参数
Exp	$f(x) = \lambda\exp(-\lambda x)$	$\lambda > 0$
Normal	$f(x) = \dfrac{1}{x\sigma\sqrt{2\pi}}\exp(-(\ln x - \mu)^2/2\sigma^2)$	μ 为对数均值；σ 为对数标准差
Lognormal	$f(x) = \dfrac{1}{x\sigma_y\sqrt{2\pi}}\exp\left(\dfrac{-(y-\mu_y)^2}{2\sigma_y^2}\right)$	μ 为对数均值；σ 为对数标准差，其中 $x>0$

K-S 检验统计量 D 的定义如下

$$D = \max_{1 \leq k \leq n}\left\{\left|c_k - \dfrac{m_k}{n}\right|, \left|c_k - \dfrac{m_k - 1}{n}\right|\right\} \tag{3-18}$$

式中，c_k 为联合观测值样本 (x_k, y_k) 的 Copula 值；m_k 为联合观测值样本中满足条件 $x \leq x_k$ 且 $y \leq y_k$ 的联合观测值的个数。

Copula 作为联合分布函数和边缘分布函数之间的连接函数，包含了很多分布族，其中椭圆分布族和阿基米德分布族是常见的两个分布族，阿基米德分布族应用较多于水资源中，主要包括 Frank-Copula、Clayton-Copula 和 Gumbel-Copula，二维及三维计算公式如表 3-6 所示。

表3-6 几种常见的阿基米德Copula函数

Copula函数	公式	参数取值
Gumbel	$C(U, V) = \exp\{-[(-\ln U)^\rho + (-\ln V)^\rho]^{1/\rho}\}$	$\rho \geq 1$
	$C(U, V, Z) = \exp\{-[(-\ln U)^\rho + (-\ln V)^\rho + (-\ln Z)^\rho - 2]^{1/\rho}\}$	
Clayton	$C(U, V) = (U^{-\rho} + V^{-\rho} - 1)^{-1/\rho}$	$\rho \geq 0$
	$C(U, V, Z) = (U^{-\rho} + V^{-\rho} + Z^{-\rho} - 2)^{-1/\rho}$	
Frank	$C(U, V) = -\dfrac{1}{\rho}\ln\left(1 + \dfrac{(\exp(-\rho U) - 1)(\exp(-\rho V) - 1)}{(\exp(-\rho) - 1)}\right)$	$\rho \neq 0$
	$C(U, V, Z) = -\dfrac{1}{\rho}\ln\left(1 + \dfrac{(\exp(-\rho U) - 1)(\exp(-\rho V) - 1)(\exp(-\rho Z) - 1)}{(\exp(-\rho) - 1)^2}\right)$	

为定量评估能源与水系统协同按风险概率，采用赤池信息准则（Akaike information criterion，AIC）、贝叶斯信息准则（Bayesian information criterion，BIC）法进行模型检验，AIC、BIC值越小则Copula联合分布函数的拟合程度越高，计算公式如下：

$$\text{MSE} = \frac{1}{n-1}\sum_{i=1}^{n}(P_{ei} - P_i)^2 \quad (3-19)$$

$$\text{RMSE} = \sqrt{\text{MSE}} \quad (3-20)$$

$$\text{AIC} = n\ln(\text{MSE}) + 2k \quad (3-21)$$

$$\text{BIC} = n\ln(\text{MSE}) + k\log n \quad (3-22)$$

式中，n为联合观测值的总数；P_{ei}为经验频率；P_i为理论频率；k为参数个数；MSE为均方误差；RMSE为均方根误差。

$$P_e(x_i, y_i) = P(X \leq x_i, Y \leq y_i) = \frac{\text{Num}(x_j \leq x_i, y_j \leq y_i) - 0.44}{n + 0.12} \quad (3-23)$$

式中，$P_e(x_i, y_i)$为二维联合分布经验频率；$\text{Num}(x_j \leq x_i, y_j \leq y_i)$表示联合观测值小于等于值$(x_i, y_i)$的个数。

$$P_e(x_i, y_i, z_i) = P(X \leq x_i, Y \leq y_i, Z \leq z_i) = \frac{\text{Num}(x_j \leq x_i, y_j \leq y_i, z_j \leq z_i) - 0.44}{n + 0.12}$$

$$(3-24)$$

式中，$P_e(x_i, y_i, z_i)$ 为三维联合分布经验频率，Num$(x_j \leq x_i, y_j \leq y_i, z_j \leq z_i)$ 表示联合观测值小于等于值 (x_i, y_i, z_i) 的个数。

3.2.3 西部地区能源与水系统协同安全评价结果

通过熵权法计算得到2005~2020年西部地区能源与水协同安全评价指标权重（表3-7），得出可靠性权重为0.293，协同性权重为0.352，韧性权重为0.355。根据评价结果，准则层要素权重排序为韧性>协同性>可靠性，表明韧性对能源与水系统影响最大，是造成区域能源与水系统协同安全差异的主要来源。

表3-7 西部地区能源与水系统协同安全评价指标权重

准则层	指标层	指标属性	权重
可靠性 Ra 0.293	人均水资源量/m³	正	0.042
	人均用水量/m³	负	0.058
	水资源开发利用率/%	负	0.029
	人均能源生产量/kgce	正	0.046
	人均能源消费量/(kg/人)	负	0.067
	能源自给率/%	正	0.050
协同性 C 0.352	工业用水重复利用率/%	正	0.080
	非常规水占比/%	正	0.120
	水生产和供应能耗占比/%	负	0.029
	水电生产占比/%	正	0.057
	火电生产耗水量/亿 m³	负	0.032
	万元工业增加值用水量/m³	负	0.035
韧性 Rs 0.355	农业用水占比/%	负	0.033
	能源消费弹性系数	负	0.028
	万元GDP用水量/m³	负	0.036
	万元GDP能源消费量/(tce/万元)	负	0.060
	污水处理率/%	正	0.052
	化石能源消费占比/%	负	0.146

3 | 西部地区化石能源发展和水资源利用现状与需求分析

韧性反映经济社会生产水平及能源与水受经济、社会、环境影响后的抗风险能力，西部地区整体人均 GDP 低于全国平均水平，经济较全国处于落后状态，且受传统工业影响造成区域环境污染风险较重，区域抗风险能力整体偏弱。协同性权重约占整体 1/3，主要表征水资源、能源和粮食系统之间相互利用水平，目前仍存在资源利用水平较低的现象。可靠性是能源与水系统演化的基础，西部地区水资源禀赋条件是短板，虽然能源禀赋条件较好，但由于水资源矛盾突出，一定程度上制约了能源的开发与利用，影响能源与水系统协同发展。

2005~2020 年，西部地区各省份能源与水协同安全指标评价结果如图 3-3 所示。西部地区 7 省份能源与水系统协同安全指标平均值为 0.47，近 15 年协同安全指标总体呈上升趋势，从不安全状态逐渐转变为较安全状态。各省份存在明显的地域差异，其中山西、陕西、内蒙古、青海、甘肃均高于平均值，多年平均协同安全指标分别为 0.51、0.52、0.48、0.50、0.52，5 个省份 2014 年后协同安全指标基本达到 0.5，处于临界安全状态。新疆、宁夏两地协同安全指标较低，能源与水耦合系统整体处于不安全状态，其中新疆指标值为 0.40 与平均值间有较小差距，宁夏协同安全状态最差，指标值仅为 0.38。

图 3-3 2005~2020 年西部各省份能源与水协同安全指标评价结果

将西部各省份能源与水协同安全指标与全国平均值进行对比（表3-8）。整体来看，2020年西部地区各省份人均水资源量、人均用水量、水资源开发利用率、非常规水占比、水生产和供应能耗占比、水电生产占比、火电生产耗水量、万元工业增加值用水量、能源消费弹性系数、万元GDP用水量均呈现出较低的水平，普遍低于全国平均水平。

表3-8 西部各省份能源与水协同安全指标

指标	山西	内蒙古	陕西	甘肃	青海	宁夏	新疆	全国平均
人均水资源量/m³	330.1	2 097.0	1 060.9	1 631.4	17 048.9	152.6	3 092.7	6 388.6
人均用水量/m³	208.0	807.0	229.0	439.0	411.0	977.0	2 218.0	485.9
水资源开发利用率/%	63.2	38.6	21.6	26.9	2.4	638.2	71.2	64.8
人均能源生产率/kgce	15 927.5	29 245.3	13 111.7	2 280.0	5 689.8	7 408.5	8 546.6	3 583.5
人均能源消费量/(kgce/人)	5 727.3	8 222.5	3 189.3	2 997.2	7 232.4	9 139.4	6 901.6	3 765.8
能源自给率/%	278.1	355.7	411.1	76.1	78.7	81.1	123.8	79.2
工业用水重复利用率/%	93.6	85.5	52.9	94.8	58.3	95.8	40.0	82.6
非常规水占比/%	7.6	3.7	4.3	3.8	2.1	0.7	0.5	3.8
水生产和供应能耗占比/%	0.4	0.3	0.9	0.4	0.2	0.1	0.3	0.6
水电生产占比/%	1.5	1.1	7.1	30.4	62.5	1.2	8.0	19.6
火电生产耗水量/亿 m³	3.9	6.5	2.1	0.9	0.2	1.6	3.4	2.5
万元工业增加值用水量/m³	18.4	24.2	12.3	27.3	31.0	32.7	29.5	34.0
农业用水占比/%	56.3	72.0	61.4	76.2	72.8	83.5	87.0	60.1
能源消费弹性系数	0.16	1.9	0.11	0.95	0.3	1.11	0.79	0.77
万元GDP用水量/m³	41.2	112.0	34.6	121.9	80.8	179.1	413.4	82.5
万元GDP能源消费量/(tce/万元)	1.1	1.2	0.5	0.8	1.4	2.3	1.3	0.6
污水处理率/%	98.8	97.3	96.1	96.5	94.2	97.0	97.5	96.4
化石能源消费占比%	98.1	89.4	98.2	73.4	52.8	95.9	86.3	79.7

从单指标来看，可靠性方面，仅青海人均水资源量超过全国水平；人均用水量方面，内蒙古、宁夏、新疆远超全国平均水平；水资源开发利用率方面，宁夏远超全国平均水平；西部地区7省份作为我国重

要的能源基地，人均能源生产率呈现出较高的水平，仅甘肃省人均能源生产率低于全国水平；人均能源消费量仅陕西和甘肃低于全国水平；能源自给率方面，除甘肃能源自给率为 76%，略低于全国平均水平的 79%，而山西、内蒙古、陕西则远超全国平均水平的 2 倍、3 倍、4 倍。

协同性方面，陕西、青海、新疆的工业用水重复利用率低于全国水平；青海、宁夏、新疆呈现水资源利用水平较低的状态，非常规水占比远低于全国平均水平；受地形地貌影响，青海省水电资源丰富，其水电生产占比远超全国平均水平的 3 倍以上，且火电生产耗水量远低于全国平均水平；受传统能源产业影响，山西、内蒙古、陕西、新疆地区的火电生产耗水量远超全国平均水平；万元工业增加值用水量方面，西部地区 7 省份均低于全国平均水平。

韧性方面，农业用水占比呈现较高的水平，表明西部地区整体水资源利用状况较差；能源消费弹性系数仅内蒙古、宁夏超过全国平均水平；部分地区万元 GDP 用水量远超过全国平均水平，如内蒙古、甘肃、宁夏、新疆，尤其是新疆，远超全国平均水平的 4 倍以上；万元 GDP 能源消费量仅陕西低于全国平均水平；污水处理率均呈现出较高的水平，其中山西省高达 99%；化石能源消费占比仅青海和甘肃低于全国平均水平。

3.2.4 能源与水系统障碍因子分析

西部地区 7 省份 2020 年能源与水系统障碍因子分析结果如图 3-4 所示。受自然禀赋条件影响，内蒙古、陕西、甘肃和山西人均水资源障碍度最高，其中内蒙古最为突出。人均能源生产方面，内蒙古障碍度最小。在能源自给率方面，陕西、内蒙古、山西作为能源大省，自给率最高。在各省份的主要障碍因子中，人均水资源量、人均能源生产率、能源自给率指标影响最大。由此可以看出可靠性方面，西部地区明显存在水资源布局与能源供需不匹配的问题，尤其是陕西、山西、内蒙古，水资源禀赋条件较差，存在资源供需短缺风险。

协同性方面，7省份的非常规水占比和水电生产占比的影响最大，由于青海大力推广水电，且受地理位置影响，使其水电生产障碍度占比较小，清洁能源发展潜力大。而其他省份水电生产水平较低，其能源结构优化任重道远。青海、新疆、甘肃等地区人口密度较低，由于自身经济结构和发展水平影响，水资源利用效率低，如非常规水利用水平远低于全国水平。

韧性方面，农业用水占比和化石能源消费占比是各省份影响较大的两个因素。尤其青海，农业用水障碍度高达61%。化石能源消费方面，山西、陕西两省障碍度较高，可达66%，主要由于煤炭能源消费占比大，能源利用效率低，因此该地区能源及工业结构亟待转型升级。

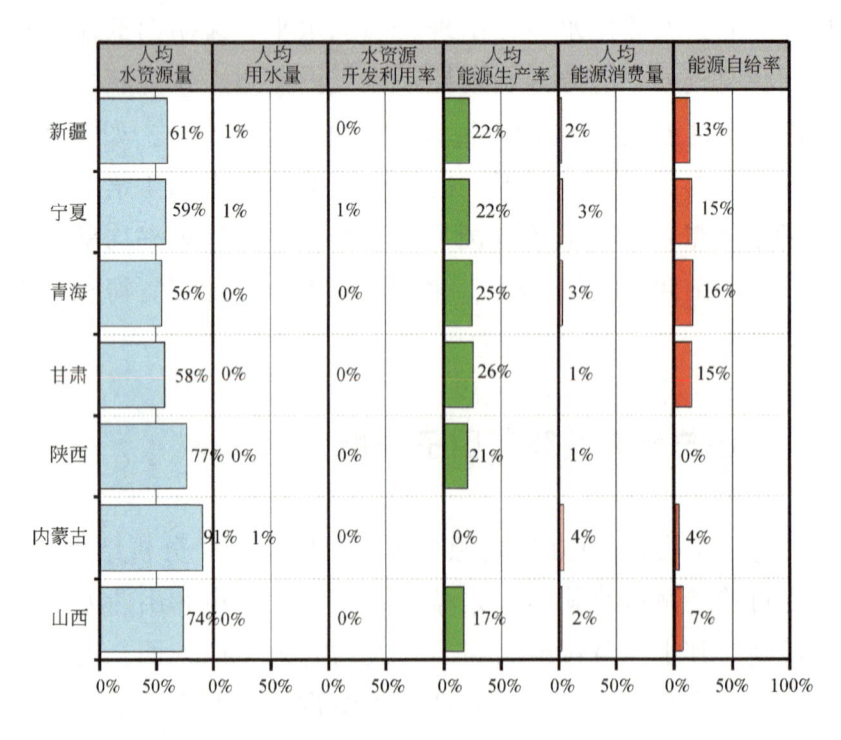

省份	人均水资源量	人均用水量	水资源开发利用率	人均能源生产率	人均能源消费量	能源自给率
新疆	61%	1%	0%	22%	2%	13%
宁夏	59%	1%	1%	22%	3%	15%
青海	56%	0%	0%	25%	3%	16%
甘肃	58%	0%	0%	26%	1%	15%
陕西	77%	0%	0%	21%	1%	0%
内蒙古	91%	1%	0%	0%	4%	4%
山西	74%	0%	0%	17%	2%	7%

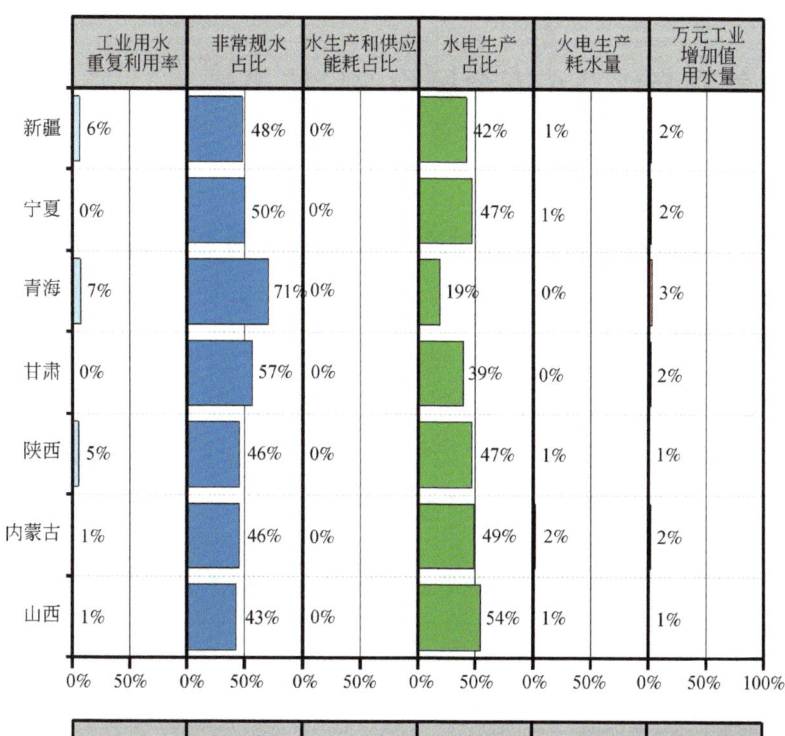

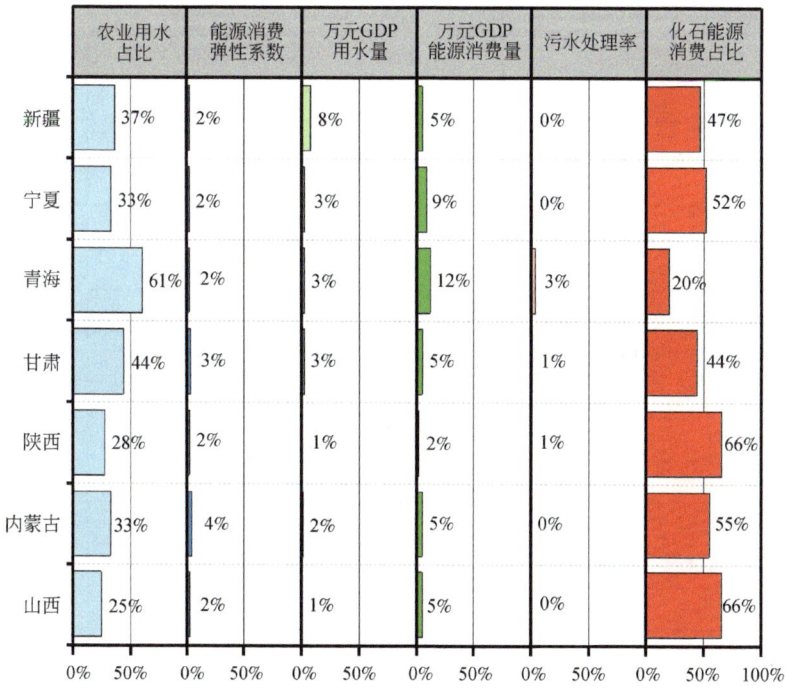

3 | 西部地区化石能源发展和水资源利用现状与需求分析

地区	工业用水重复利用率	非常规水占比	水生产和供应能耗占比	水电生产占比	火电生产耗水量	万元工业增加值用水量
新疆	6%	48%	0%	42%	1%	2%
宁夏	0%	50%	0%	47%	1%	2%
青海	7%	71%	0%	19%	0%	3%
甘肃	0%	57%	0%	39%	0%	2%
陕西	5%	46%	0%	47%	1%	1%
内蒙古	1%	46%	0%	49%	2%	2%
山西	1%	43%	0%	54%	1%	1%

地区	农业用水占比	能源消费弹性系数	万元GDP用水量	万元GDP能源消费量	污水处理率	化石能源消费占比
新疆	37%	2%	8%	5%	0%	47%
宁夏	33%	2%	3%	9%	0%	52%
青海	61%	2%	3%	12%	3%	20%
甘肃	44%	3%	3%	5%	1%	44%
陕西	28%	2%	1%	2%	1%	66%
内蒙古	33%	4%	2%	5%	0%	55%
山西	25%	2%	1%	5%	0%	66%

图 3-4　2020 年西部地区能源与水系统障碍因子分析

3.2.5 能源与水系统安全风险评价结果

选用 Frank-Copula、Clayton-Copula 和 Gumbel-Copula 这 3 种常见的 Archimedean Copula 函数作为理论分布函数的分析对象，以最小 AIC、BIC 为选择最优拟合函数的标准。结果如表 3-9 所示，对于二维可靠性和协同性（Ra-C）指数、三维可靠性−协同性−韧性耦合（Ra-C-Rs）指数，Gumbel-Copula 具有最小的 AIC 和 BIC，拟合优度最好；对于二维协同性和韧性（C-Rs）、二维可靠性和韧性（Ra-Rs）指数中，Frank-Copula 函数为最优拟合函数。

表 3-9 能源与水系统多维联合分布参数及拟合检验

联合分布	Copula 函数类型	参数 θ	AIC	BIC
可靠性和协同性 Ra-C	Clayton	1.87	−13.4	−12.76
	Gumbel	3.06	−19.92	−19.28
	Frank	9.61	−16.93	−16.3
	Normal	4.05	−17.77	−17.13
协同性和韧性 C-Rs	Clayton	3.78	−19.93	−19.29
	Gumbel	3.46	−22.9	−22.26
	Frank	17.37	−27.43	−26.79
	Normal	3.84	−18.15	−17.51
可靠性和韧性 Ra-Rs	Clayton	1.3	−7.74	−7.1
	Gumbel	1.91	−7.75	−7.11
	Frank	6.58	−10.44	−9.8
	Normal	2.11	−4.61	−3.98
可靠性−协同性−韧性 Ra-C-Rs	Clayton	3.27	−5.61	−4.97
	Gumbel	2.98	−8.47	−7.83
	Frank	9.73	−6.71	−6.07
	Normal	3.6	−8.04	−7.4

图 3-5 分别绘制了能源与水系统可靠性和协同性（Ra-C）、协同

性和韧性（C-Rs）和可靠性和韧性（Ra-Rs）的二维联合分布等值线，Ra-C 联合分布图表示可靠性和协同性指标安全风险两个事件同时发生的联合分布概率，C-Rs 和 Ra-Rs 同理。由图可知 Ra-C、C-Rs 和 Ra-Rs 联合分布概率值变化趋势大致相同，均为随着一个值的增大另一个值减小。

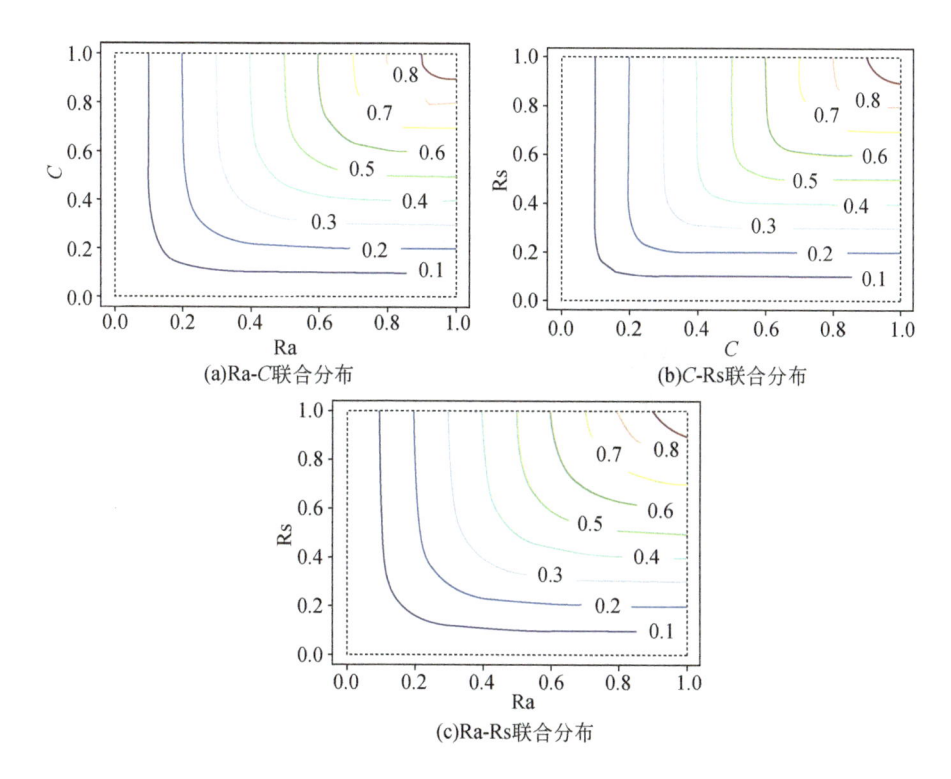

(a)Ra-C联合分布

(b)C-Rs联合分布

(c)Ra-Rs联合分布

图 3-5　西部地区能源与水二维联合分布概率等值线图

以协同安全指标综合结果不安全阈值 0.4，临界安全阈值 0.6，较安全阈值 0.8 为标准进行评价。其中，Ra-C、C-Rs 和 Ra-Rs 二维不安全风险发生概率分别为 0.31、0.37、0.29；Ra-C、C-Rs 和 Ra-Rs 临界安全风险发生概率分别为 0.53、0.56、0.50；Ra-C、C-Rs 和 Ra-Rs 较安全风险发生概率分别为 0.75、0.76、0.72，根据计算结果可以看出能源与水系统中协同性和韧性 C-Rs 二维安全风险发生的概率较大，因此需要提升能源与水系统内协同效率及外在的韧性调控能力，从而有利于促进协同安全可持续发展。

图3-6表示可靠性–协同性–韧性Ra-C-Rs三维联合分布概率，Gumbel-Copula函数对于三维联合分布拟合较优，图中显示了子系统对复合风险的耦合效应，其中x轴、y轴、z轴分别代表可靠性、协同性和韧性发生安全风险的概率。

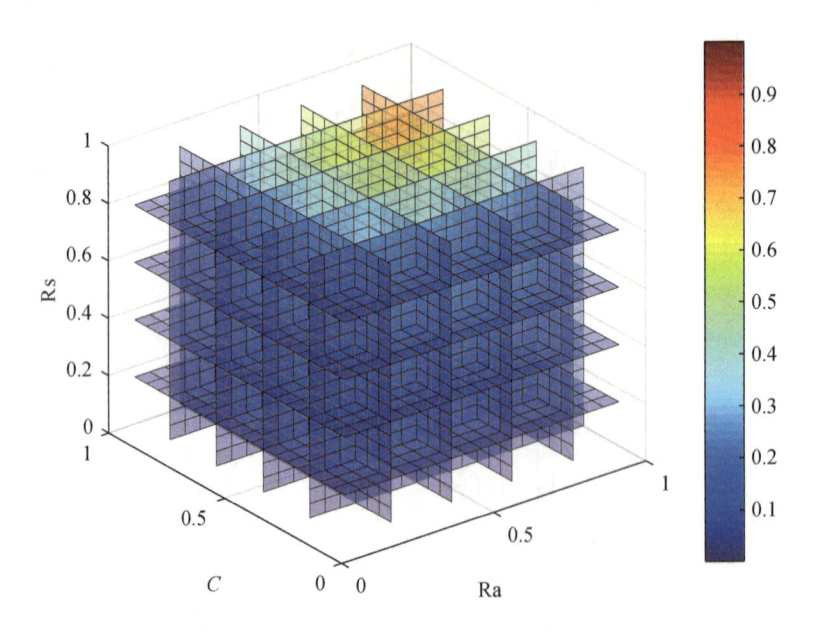

图3-6 西部地区能源与水三维联合分布概率

可以看出，在x轴、y轴、z轴空间上均呈现复合风险会随着子系统风险的增加而增加，即当可靠性Ra一定时，协同性C和韧性Rs值越大，相应的联合概率越大。根据计算结果得出西部地区能源与水三者联合风险概率较各子系统风险概率偏小，如能源与水系统发生极不安全的联合概率（Ra≤0.2，C≤0.2，Rs≤0.2）为0.10，发生不安全的联合风险率（Ra≤0.4，C≤0.4，Rs≤0.4）为0.27，处于临界安全的联合风险率（Ra≤0.6，C≤0.6，Rs≤0.6）为0.48，处于较安全的联合风险率（Ra≤0.8，C≤0.8，Rs≤0.8）为0.72。但西部地区能源与水联合系统中协调性安全风险（$C \leq 0.4$）较大，随着可靠性或协同性指数的增加，韧性发生不安全的概率可达40%~50%。说明可靠性、协同性和韧性三者之间需协同合作、相互促进，如果只注重一方面的发展，可能导致其他方面风险发生概率增大。西部地区应注重韧性的提升，提高韧性水平有利于能源与水系统整体协调稳定。

3.3 能源产业发展用水需求预测分析

中国工程院重大咨询项目"推动能源生产和消费革命战略研究"成果分析表明，2030年前我国对于能源需求的增长速率仍将保持1%以上，2040年前后我国能源消费总量将达到峰值56亿~60亿tce，与2016年相比还将增加28%。到2030年，西部地区能源生产规模将达到3.4亿tce。由于煤炭储量的减少和能源供应结构的变化，预计2030年煤炭生产占能源生产总量的比重将下降到68.1%。火电将是未来增长最快的能源来源，生产规模将从2017年的1.5亿tce增加到2030年的7.3亿tce。图3-7表明，未来7省份能源生产与消费差距将进一步扩大。目前，西部地区的能源产量比消费量多约1.1亿tce，但到2030年，这一数值将增加到1.9亿tce，这意味着未来更多的能源相关虚拟水将从西部地区转移到其他地区，能源行业用水量的进一步增加可能会给当地脆弱的生态环境造成不可逆转的影响。

本研究选取2030年能源生产用水量的三种情景：现状用水情景（BAU）、常规节水情景（RWS）和强化节水情景（EWS），其中，现状用水情景选取2017年西部地区能源开发利用的现状技术水平。常规节水情景主要考虑未来能源技术的进步和节水技术的应用，在此情景下，假设区域现有能源产业用水技术保持不变，仅新增的能源项目将采用最先进的节水技术。强化节水情景假设未来各能源基地所有能源产业均采用最先进的节水技术，区域现有的能源产业也将通过技术改造实现强化节水。相比之下，三种情景下的节水力度从小到大依次为

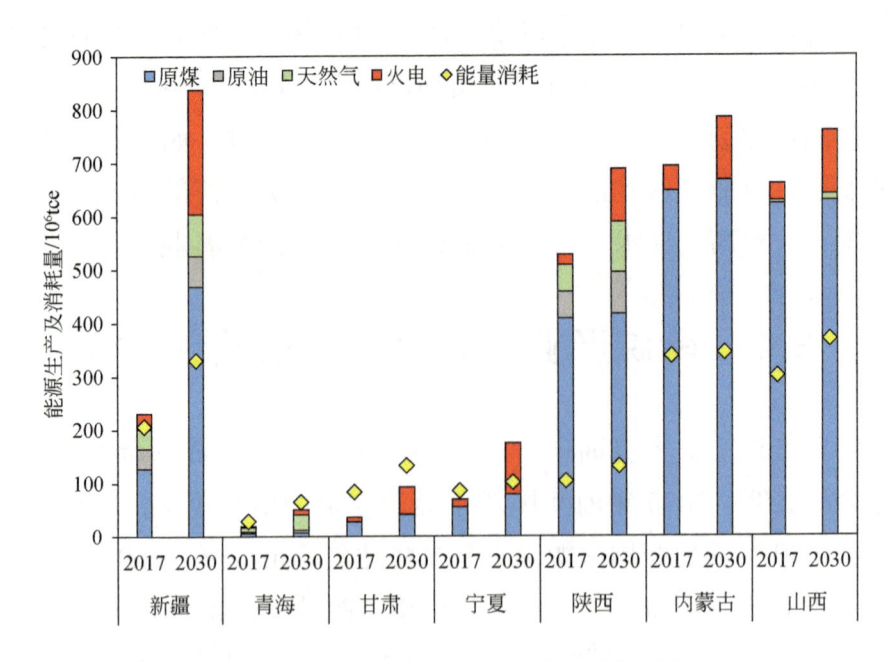

图 3-7　2030 年西部地区能源生产与消费预测

现状用水情景、常规节水情景和强化节水情景。

不同情景下能源生产用水量预测如图 3-8 所示。未来随着区域火电行业的进一步发展，火电用水量和占能源行业的用水比例将进一步增长。未来天然气用水量也将快速增长，预计 2030 年天然气生产用水量为 310 万~460 万 m³，是 2017 年的 1.4~2.1 倍。三种节水情景下未来能源用水量存在显著差异，与现状用水情景相比，常规节水情景和强化节水情景的用水量将分别减少 33 亿 m³ 和 51 亿 m³。

随着能源生产规模的扩大，未来西部地区大部分省份的能源相关虚拟水转移量都会增加，但不同情景下存在较大差异。未来西部地区能源虚拟水输出最多的地区为内蒙古和新疆，新疆的虚拟水输出量约占西部地区总量的 30%。三种情景比较结果显示，随着节水力度的加大，新疆虚拟水输出量将从状用水情景下的 1.7 亿 m³ 降至常规节水情景下的 8.9 亿 m³，强化节水情景下新疆虚拟水输出量为 6.8 亿 m³。

在强化节水情境下，2030 年西部地区能源用水预计达 28 亿 m³，

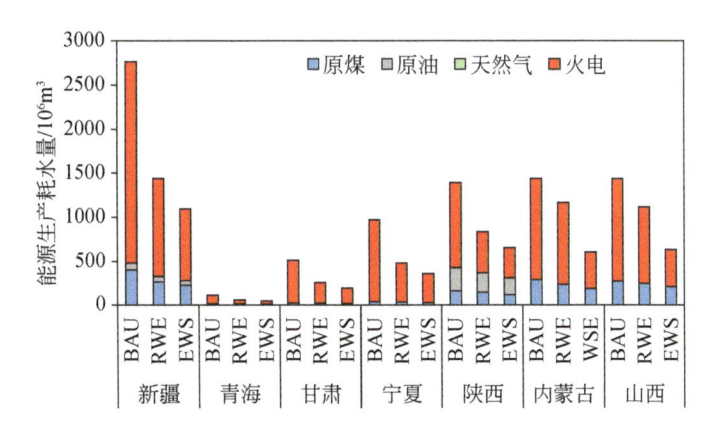

图 3-8 2030 年不同情景下能源生产用水量

较现状增加 17%。基于用水管理政策和水资源可利用量限制，未来区域可用于能源行业新增可供水量为 3.3 亿 m³，仅青海能源生产的需求规模可被满足，其他省份能源生产的新增需水规模可能得不到满足。

4 新发展理念下能源管控需求

我国是全球最大的能源生产国和消费国,也是水资源最短缺的国家之一。能源和水既相互独立,又紧密关联,能源与水协同安全保障需求强烈但挑战艰巨,深入贯彻创新、协调、绿色、开放的新发展理念是能源与水系统高质量发展的动力。

4.1 能源转型需求下的机遇与挑战

4.1.1 能源转型的需求

过去几十年,我国能源的快速增长支撑了经济的高速发展,能源消费产生的二氧化碳是碳排放的主体(方琦等,2021)。根据《中国能源统计年鉴》,2019 年我国能源消费总量为 44.8 亿 tce,能源消费二氧化碳排放为 98 亿 t,我国能源消费二氧化碳排放占全球的比重达 29%。近年来,我国已经将能源强度、碳排放强度列入政府考核指标,能源结构有所改善,能效明显提高,能源弹性系数逐步下降,但目前我国能源强度依然是世界平均水平的 1.3 倍,产业偏重、能效偏低、结构高碳的粗放增长使得环境问题日趋凸显。实现碳达峰、碳中和对能源转型提出了更高的要求,能源行业要走上高质量发展的道路。化石能源要尽可能适应能源转型需要,如煤炭要实现清洁高效利用,石油行业仍要"稳油增气",且要大力发展非化石能源。

4.1.2 机遇和挑战

在当前以化石能源为主的能源结构下,节能增效是保障国家能源供需安全和能源环境安全的第一要素,也是减排的主力。我国降碳的主要措施包括:首先是提效降耗,特别是从建筑、交通、工业、电力等行业入手,高度重视调整产业结构,同时加强技术进步;其次是能源替代,应高比例发展非化石能源,特别是可再生能源;最后是碳移除,增加碳汇,大力发展碳捕集、利用与封存技术等。

实现碳达峰、碳中和是一场广泛而深刻的经济社会系统性变革。在这场巨大的变革中,能源系统是最为核心的,实际上也确定了能源革命的阶段目标,要切实推进能源转型。能源转型是人类文明形态进步的必然。与国际上第一阶段以煤炭为主,第二阶段以油气为主,再到现在的以非化石能源为主的能源发展的演变过程不同,我国第二阶段的能源结构是多元架构,即化石能源和非化石能源多元发展,目前我们也将转入第三阶段,即以非化石能源为主。未来我国能源消费总量仍将会保持一定程度的持续增长,能源结构中非化石能源占比将大幅提高(李少彦,2021)。

碳达峰、碳中和目标是能源行业面临的巨大挑战,未来能源换生产、储备和消费将会发生变化,但更是机遇,它将催生新的产业和新的增长点,实现经济、能源、环境和气候的可持续发展。

4.2 生态文明建设下的能源发展目标

4.2.1 油气工业高质量发展目标

西部地区油气资源丰富,分布相对集中,且勘探程度较东部低,近年来西部地区油气大发现不断，展现良好勘探前景和巨大勘探潜力，是我国能源重要的战略接替区。

近年来，国家高度重视西部油气生产基地建设和培育。2014年国务院办公厅印发的《能源发展战略行动计划（2014—2020年）》（国办发〔2014〕31号）以及2016年国务院批复的《全国矿产资源规划（2016—2020年）》（国函〔2016〕178号），都提出以塔里木、鄂尔多斯、准噶尔等盆地为重点"增储上产"区域，加大油气勘探开发力度，提高油气产量，并提出重点建设9个千万吨级大油田、8个年产量百亿方级大气田，其中西部地区油田占4个、天然气田占7个，是大油气田建设的主体地区。

西部地区石油产量由2000年的2927万t提升到2018年的6549万t，全国石油产量占比从18%提高到35%，是我国石油产量增长的主要贡献者。未来，西部地区将加大力度，巩固发展石油生产基地。根据储产量预测结果，2030年西部地区石油产量6200万t以上，保持基本稳定；2035年石油产量小幅下降，但仍将占全国石油产量的1/3以上。从盆地分布看，2030年、2035年鄂尔多斯盆地石油产量分别为3600万t、3300万t左右（表4-1）；准噶尔盆地产量先增后降，产量分别1400万t、1300万t左右；塔里木盆地产量维持难度大，产量分别降至930万t、850万t左右。

表4-1 西部重点盆地石油产量预测

项目	2025年	2030年	2035年
鄂尔多斯盆地/万t	4 064	3 595	3 276
准噶尔盆地/万t	1 748	1 426	1 262
塔里木盆地/万t	1 157	932	848
柴达木盆地/万t	217	216	260
全国盆地/万t	20 274	17 020	15 318
占比/%	35	36	37

西部地区将按照常规与非常规天然气并重的原则，巩固发展三大天然气生产基地（表4-2）。鄂尔多斯盆地重点加强致密气、煤层气开发，2030年产量达到670亿 m³，并长期稳产，其中煤层气产量努力达到50亿 m³；塔里木盆地2030年产量达到400亿 m³，并保持长期稳产。

表 4-2 西部重点盆地天然气产量预测

项目	2025 年	2030 年	2035 年
鄂尔多斯盆地/亿 m³	660	670	670
塔里木盆地/亿 m³	370	400	400
柴达木盆地/亿 m³	70	70	70
全国合计/亿 m³	2320	2500	2700
占比/%	82	78	77

4.2.2 煤炭工业高质量发展目标

《2020煤炭行业发展年度报告》（中国煤炭工业协会，2021）显示，到"十四五"末，国内煤炭资源产量控制在41亿t左右，全国煤炭消费量控制在42亿t左右。优化煤炭资源开发布局，推进煤炭清洁高效利用及煤炭产业转型升级是煤炭工业高质量发展的关键。

未来煤炭产业将进一步化解过剩产能，淘汰落后产能，建设先进产能，建设和改造一大批智能化煤矿。2025年，全国煤矿数量将减少到4000处左右，建成智能化煤矿1000处以上；2035年，各类煤矿将基本实现智能化。煤炭安全智能化开采和清洁高效集约化利用将是煤炭智能化的主攻方向，煤炭产业需加快智能工厂和数字化车间建设，推动智能化成套装备与关键零部件、工业软件研发。

煤炭产品种类多，产业链环节长，需加强煤炭分质分级梯级利用，从源头上控制污染物排放,提高煤炭资源综合利用效率和价值。在原煤生产加工环节,需加强商品煤质量管理,严格执行商品煤质量标准,严格控制硫分、灰分、有害元素等指标,严格限制劣质煤销售和使用。根据经济性、技术可行性和生态环境容量适度发展现代煤化工,发挥煤炭的工业原料功能,有效替代油气资源,保障国家能源安全。支持富油煤资源勘查和评价,研究富油煤矿区资源科学开发、综合利用规划,打通煤炭、石油、天然气、化工和新材料产业链,拓展煤炭全产业链发展空间。

西部地区生态本底脆弱,煤炭资源开发规划应与生态环境保护目标相结合,同时实现煤炭资源开发、建设、生产与生态环境保护工程同步设计、同步实施,提高矿区生态功能。在煤炭开发过程中,要加强对水资源保护的力度,提高煤基能源产业链水资源利用整体效率和效益,推动煤炭资源的清洁高效利用,为实现碳达峰、碳中和目标贡献力量。

4.3 生态保护与高质量发展下水资源安全需求与挑战

4.3.1 水资源开发利用新需求

党的十八大将生态文明建设纳入"五位一体"中国特色总体布局,并要求将生态文明建设放在突出地位,而水资源作为生态环境要素之一,越来越受到党中央和国务院的高度重视。2019年9月18日,习近平总书记在黄河流域生态保护和高质量发展座谈会上提出将黄河流域生态保护和高质量发展上升为重大国家战略,发出了"让黄河成为造福人民的幸福河"的伟大号召。生态保护和高质量发展要求不能单纯追求经济高速发展,而是重在节能环保,强调绿色经济，追求效率更高、供给更有效、结构更高端、更和谐持续的增长，保持经济运行过程中供求关系的平衡。西部地区是我国能源富集区及重要生产基地，具有国防安全、生态安全、资源安全等重要战略地位，也是打赢脱贫攻坚战、全面建成小康社会的难点和重点，更是提升全国平均发展水平的巨大潜力所在。随着西部大开发、生态文明建设、能源和粮食安全等一系列重大战略的实施，西部地区经济社会和生态环境用水需求日益强烈，并产生了水资源、水环境和水生态的复合影响问题。

水资源作为国家综合国力的重要组成部分，其开发利用状况和发展态势标志着一个国家经济和社会的发展水平。西部大部分地区为干旱半干旱地区，水资源严重短缺。西部地区农业用水比重大，比较效益低下，但工业和城镇特别是能源产业发展水资源需求难以保障。完善西部地区能源水资源保障体系，直接关系着我国的能源安全，西部崛起和丝绸之路经济带建设的成效，是地区生态保护和高质量发展的关键。西部发展要把水资源作为最大的刚性约束，明确流域的可利用水量，坚持量水而行，实行用水总量和强度双控；并进一步推进水务基础设施建设，大力推进非常规水源开发，实施污水资源化利用；同时，完善水权交易机制，发挥市场机制，将水资源从丰水区域向缺水区域、从利用效益低的使用者向效益高的使用者转让。

4.3.2 水资源面临新挑战

西部地区干旱少雨，自然条件恶劣。由于水资源匮乏，西部地区水资源一直处在短缺与低水平利用的阶段，而生态环境脆弱加剧了水资源压力。

西部地区主要依赖地表水供给，约占总供水量的70%以上，其中新疆和宁夏的地表水供给量占总供水量的82%和90%。除了山西和陕西对地下水利用量占到 30% 以上，其他地区地下水利用不足 20%。在用水结构中，农业用水比重最高，其中宁夏、新疆农业用水量占总用水量的 85% 和 87%。而工业用水量仅占总用水量 7% 以下。西部地区农业用水量偏大，且农业灌溉定额低于全国平均值，灌溉水利用系数 0.54，农业节水存在一定潜力。与农业相比，区域工业用水效率高，万元工业增加值用水量 31m^3，低于全国平均值，节水水平达到国内甚至国际先进水平。

西部地区水资源开发利用程度高，且各地水资源开发利用极为不平衡。2019 年黄河中上游水资源量为 762.4 亿 m^3，水资源开发利用率为 47%，上游和中游的水资源开发利用率分别为 37% 和 69%；西北诸河水资源开发利用率为 47.6%，而石羊河和黑河的水资源开发利用率超过 100%。水资源过度开发造成严重的土壤沙漠化，据统计，西部地区沙漠化面积占全国沙漠化总面积的 2/3，如甘肃民勤沙漠及荒漠化面积峰值曾达到 94.5%，绿洲面积仅全县总面积的占 5.5%。

西部地区自然环境复杂多样，高寒区与干旱区相依并存，是我国生态脆弱区分布面积最大、脆弱生态类型最多、生态脆弱性表现最明显的地区。由于经济发展一方面要消耗大量的淡水挤占生态用水，同时还会因废水排放对区域地表和地下水系统带来诸多影响，进而引起生态环境的恶化。

西部地区能源资源丰富，能源、化工、原材料和基础工业基地快速发展，能源产业工业增加值占比很高。随着国家能源需求的增加，区内新疆塔里木、甘肃陇东、内蒙古西部、陕西陕北、山西离柳及晋南等能源基地建设速度加快，带动了经济社会的快速发展，但能源开发易对水、土、气等生态环境要素产生较大影响。基于山西 180 座煤矿的调研分析，井工煤矿平均每采 1t 煤会影响或破坏 1.65m^3 地下水资源，露天煤矿每采 1t 煤会影响或破坏 0.93m^3 地下水资源。近年来，西部地区能源产业发展中不断加大生态环境保护力度，但一些地区重开发轻保护、重经济轻生态问题依然存在，资源开发和回用效率不高现象仍较为普遍，水资源已经成为区域能源产业健康发展的最大约束。

4.4 新发展理念下西部地区气候变化适应与应对

4.4.1 气象灾害风险管理能力亟须提升

在全球变暖背景下，随着西部地区极端天气气候事件增加，气象灾害和气候变化影响对化石能源行业安全生产、稳定运行、增产高产、维护能源安全提出了挑战。

西部地区地广人稀，存在较多气象观测空白区和气象探测盲区。西部地区能源产业特别是石油、天然气开采业野外作业区大多地处沙漠深处，现有的气象常规观测服务无法覆盖，仍需加强针对能源行业的气象服务，以提高防灾减灾预警能力。

在当前化石能源行业工业流程设计中，气象灾害风险主要以开工作业前咨询的天气预报信息为主，基本停留在定性和主观判断层面上，对气象灾害影响定量化考虑不够（谢伏瞻等，2021）。西部地区气象灾害种类多，不同灾害种类对不同的作业环境影响不一样，致灾致损的阈值有差异，而化石能源行业重大工程的基础设施多且布局分散，勘探、开发、利用、运销等环节的作业方式及作业时间长度均存在很大差异，如果作业期间对突发的天气气候状况考虑不足，就存在风险漏洞。

气候变化背景下，西部地区极端天气气候事件增多，能源面临的气象风险加剧。在区域平均气温升高、冰川融雪径流增大背景下，融雪性洪水等极端事件增加，将给能源生产及运输设施安全运行带来风险。

4.4.2 气候变化-能源-水资源耦合机制有待完善

气候变化已经开始影响整个我国的降水和温度格局,人口增长和区域经济发展将进一步增加水和能源系统的供需压力。西部地区是我国化石能源富集区,但又是水资源短缺地区,在全球气候变暖背景下,西部地区升温明显,冰川积雪消融加速,极端气象灾害增多,能源安全和水安全受到严峻挑战。西部地区自然条件差,经济基础薄弱,气象和环境气候等监测站点稀疏,气候与环境变化监测和服务能力仍无法满足需求。暖湿背景下气候变化对西部地区气候系统与生态环境、水资源、极端气候事件等的影响研究,高风险区、高脆弱地区的防灾减灾体系构建以及应对气候变化的能力均需要进一步提升。

在全球气候变暖背景下,西部地区以山区降水和冰雪融水补给为基础的水资源系统更为脆弱,并将直接影响水资源的可利用性。气候变化特别是西部地区冰川融雪的变化,将导致水力发电、生物能源原料生产和其他能源生产需求的水资源的可利用性出现更大的时空变化。此外,气候变暖也会增加制冷的能源需求,又降低热电发电的效率和容量。气候变化对能源与水资源系统的影响是极为复杂的,以综合和积极主动的方式处理气候变化-能源-水资源的关系尤为紧迫。

4.4.3 助力碳达峰碳中和的需求增加

我国通过调整产业结构,优化能源结构,节能提高能效,推进碳市场建设,增加森林碳汇,开展碳捕集、利用与封存等一系列措施积极实施应对气候变化国家战略。"十三五"期间中国积极参与全球气候治理,温室气体排放得到有效控制,可再生能源快速发展,主动适应气候变化进展顺利,应对气候变化工作取得显著成效。

2016~2020年,我国新能源装机增长迅速,到2020年底,全国全口径非化石能源发电装机容量合计9.8亿kW，占总发电装机容量的比重为44.8%，比上年提高2.8%。其中，水电装机容量3.7亿kW、核电4989万kW、并网风电2.8亿kW、并网太阳能发电装机2.5亿kW、生物质发电2952万kW（国家统计局能源统计司，2022）。能源结构的调整转型使得全球清洁能源生产、传输和调度对天气气候状况的依赖度越来越强，能源开发利用中的气候服务，包括气候监测评估、预测预警及气候变暖背景下未来清洁能源开发潜力等，就显得至关重要。

针对国家碳中和、碳达峰的战略，需要建立碳中和愿景风能太阳能监测、预报、风险评估和管理体系，建立大规模风能太阳能开发的生态气候环境效应评估系统，开展对2030年风能太阳能装机的气候变化情景预估，研究减缓和适应气候变化的风能太阳能开发优化布局。

5 西部地区油气开发对水资源影响与保水开采技术发展

西部地区作为我国能源富集区和生产基地，油气资源丰富，资源探明率低，勘探开发潜力大，战略地位突出，是我国油气增储上产的重要区域，对于保障我国能源安全具有重要的战略地位。本章节在宏观研判西部地区油气生产前景和布局的基础上，以西部地区油气田企业为例，调研不同类型油气田开发模式与用水现状，分析油气田开发过程中的水资源、水环境保障风险，为我国能源与水资源的协同安全保障规划和决策提供技术支撑。

5.1 西部地区油气资源及开发现状

近年来我国能源需求快速增长，对外依存度不断升高。稳定和发展国内能源产业，对维持我国经济社会顺利运转、保障经济发展有着重要的意义。

西部地区油气资源丰富，分布相对集中。西部地区油气资源丰富，拥有全国超四成的石油资源和近七成的天然气资源。西部地区油气类型多样，非常规油气资源占比大。不同类型油气资源油气成藏条件、勘探发现规律、开发递减规律、工程技术要求和经济性差别巨大，相同的地质资源量并不能带来相同的发展潜力和前景，因此，本部分统一用可采资源量论述。

石油资源以常规石油为主，致密油为辅，常规石油资源是未来勘探开发重点。西部地区石油可采资源量97.9亿t，其中常规石油90.5

亿 t、致密油 7.4 亿 t，占比分别为 92%、8%。根据中国石油第四轮油气资源评价，西部地区有多个盆地常规石油可采资源量超过 1.5 亿 t，其中鄂尔多斯、塔里木、准噶尔、羌塘盆地常规石油可采资源量分别为 21.78 亿 t、19.12 亿 t、17.35 亿 t 和 11.21 亿 t，均超过 10 亿 t，柴达木盆地常规石油可采资源量 5.54 亿 t，位居第五。致密油可采资源主要分布在鄂尔多斯和准噶尔盆地，可采资源量分别为 3.51 亿 t 和 1.29 亿 t，均超过 1 亿 t。

天然气常规和非常规资源均丰富，非常规资源占比大，常规和非常规资源并举是未来发展必然选择。根据中国石油第四轮油气资源评价，西部地区天然气可采资源量 50.5 万亿 m³。其中，常规天然气可采资源量 19.63 万亿 m³、致密气可采资源量 9.83 万亿 m³、页岩气可采资源量 11 万亿 m³、煤层气可采资源量 10 万亿 m³，常规与非常规资源占比分别为 39%、61%。常规天然气资源主要分布在塔里木盆地，可采资源量为 6.62 万亿 m³。致密气资源分布在鄂尔多斯盆地和四川盆地，可采资源量分别为 7.14 万亿 m³ 和 1.79 万亿 m³。

在我国能源格局中，西部地区是全国化石能源最富集的地区和重要战略接替区，是能源的主要输出区。2014 年国务院办公厅印发的《能源发展战略行动计划（2014—2020 年）》（国办发〔2014〕31 号）以及 2016 年国务院批复的《全国矿产资源规划（2016—2020 年）》（国函〔2016〕178 号），都提出以塔里木、鄂尔多斯、准噶尔等盆地为重点"增储上产"区域，加大油气勘探开发力度，提高油气产量，并提出重点建设 9 个千万吨级大油田、8 个年产量百亿方级天然气生产基地，其中西部地区共有新疆、塔里木、长庆、延长 4 个大型油田和鄂尔多斯、沁水等天然气生产基地。

2000 年以来，依靠地质理论创新和工程技术进步，我国在四川盆地、鄂尔多斯盆地、塔里木盆地、柴达木盆地、准噶尔盆地取得了多项重大油气发现。近年来，西部地区油气储量快速增长，油气产量稳步提升，石油、天然气年产量分别从 2000 年的 2927 万 t、152 亿 m³ 增长至 2018 年的 6549 万 t、1320 亿 m³；石油、天然气全国产量占比分别从 2000 年的 18%、55% 增长至 35%、83%，战略接替地位日益凸显。

5.2　西部地区油气田用水现状

中国石油位于西部地区的油气田企业包括长庆油田、新疆油田、塔里木油田、西南油气田、吐哈油田、青海油田以及玉门油田等。2019 年中国石油油气田企业新鲜水用量为 4.77 亿 m³，其中西部油气田新鲜水用量为 2.33 亿 m³，占比 48.8%。西部地区工业用新鲜水量为 1.75 亿 m³，主要是用于油田注水，占总用新鲜水量的 75%；非工业用新鲜水量为 0.73 亿 m³，主要用于矿区生活和绿化，占总用新鲜水量的 25%。

随着常规油气资源勘探难度的增加，我国油气勘探重点已逐渐转向页岩油气等非常规资源（邹才能等，2015）。西部地区是非常规油气勘探开发的主要区域，非常规油气开发技术要求高，低品位或复杂油藏开发用水较大，以低渗、稠油、碳酸盐岩等为主的长庆油田、新疆油田和塔里木油田是用水大户，占西部油气田总用水量的 80% 以上。长庆油田、新疆油田和塔里木油田 2019 年新鲜水用量分别为 0.86 亿 m³、0.72 亿 m³ 和 0.29 亿 m³，分别占西部新鲜水用量的 37%、31% 和 12%。

长庆油田新鲜水主要用于油田注水，2019 年注新鲜水量为 0.78 亿 m³，占油田总新鲜水用量的 90%。新疆油田新鲜水主要用于油田注水 550 万 m³，矿区 551 万 m³，绿化 3109 万 m³，占总新鲜水用量的 59%。塔里木油田新鲜水消耗主要集中在油气田、化工和气田业务，2019 年油田业务用新鲜水量为 1558.9 万 m³，占总新鲜水用量的 54%，化工业务用新鲜水量为 394 万 m³，占总新鲜水用量的 25%，气田业务用新鲜水量为 285.7 万 m³，占总新鲜水用量的 10%。

2019年西部油气田污水产生量为1.62亿m^3，污水处理率100%，其中有效处理后的污水回用率约93%，主要用于油田回注、回灌等。

5.3 西部地区油气田节水开发技术现状与存在问题

5.3.1 采出水处理技术现状

油气田污水主要来源于油气采出过程中产出的地层伴生水，污水成分较为复杂，其中不仅含有地层中带出的杂质与细菌，还含有原油、压裂液中的化学添加剂等（赵翔，2015），直接外排将污染周边的地表水及地下水。传统的物理沉降除油工艺处理成本高且出水水质差，目前，西部地区油气田通过优化采出水处理技术、优化返排液污水处理技术等方法加大油田生产水的循环利用力度。其中，西部地区油田创新形成的优化采出水处理技术包括一级沉降除油+气浮除油+过滤处理工艺、一级沉降除油+生化+过滤处理工艺、离子调整旋流反应、稠油采出水处理技术、生化处理工艺等。

一级沉降除油+气浮除油+过滤处理工艺的基本原理是通过浮选去除废油。具体流程是将含油废水接入加药反应器后，进入溶气浮选机引入气体使气、水混合，水中的油粒絮体附着在小气泡上，通过浮选斜板与水分离后，上浮到浮选机的表面形成浮渣被自动刮渣机刮走，浮选机底部沉淀物由底部的刮渣机刮至排污阀排走，从而去除水中的废油（图5-1）。

一级沉降除油+生化+过滤处理工艺除油彻底，污泥量少。该工艺是通过微生物的作用完成有机物的分解，将含油废水中的有机污染物转变成CO_2、水以及生物污泥，多余的生物活性污泥经沉淀池固液分离，从净化后的污水中去除（图5-2）。但该工艺由于引入微生物的作

图 5-1　一级沉降除油+气浮除油+过滤处理工艺

图 5-2　一级沉降除油+生化+过滤处理工艺

用,其活性及处理效果受环境条件影响较大。

离子调整旋流反应工艺主要通过加入离子调整剂调整含油污水的pH,使悬浮固体颗粒聚并沉降(图5-3),从而达到油水固液迅速分离的效果,净化水质(孙晓岗等,2008)。针对不同油田采出水水质特点,新疆油田发展出一套针对不同污水水质对应的离子调整剂配方,经过多年优化和应用,该技术已成为新疆油田采出水处理主体技术。

针对有机组分复杂的稠油采出水,西部地区油田采用化学除硅+离

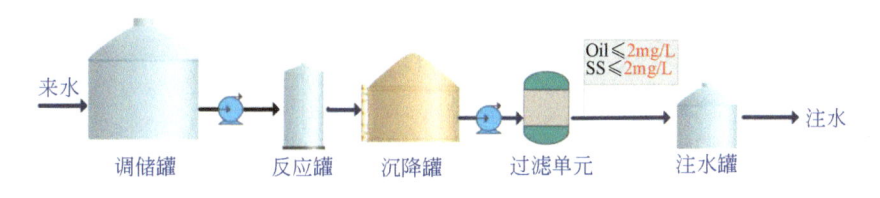

图 5-3　离子调整旋流反应工艺流程图

Oil：原油；SS：悬浮颗粒物

子调整旋流反应工艺，配套高温树脂软化，经系统处理后的出水水质可满足普通锅炉水质要求。此工艺可进一步与高温反渗透工艺配合实施用于采出水的深度处理，或将机械蒸气压缩工艺运用于反渗透浓水、燃煤锅炉排污水处置，处理后水质均达到过热、燃煤锅炉水质要求。

生化处理工艺采用微生物除油+两级或三级过滤工艺，配套化学除氧和杀菌技术对油田废水进行处理（图 5-4）。油站废水经过隔油、收油、沉降后进入生化反应池除去浮油，再经沉降、过滤、杀菌完成废水处理。处理后的出水水质符合回注要求，将返回油田注水系统配注地层，实现了油田废水循环利用。

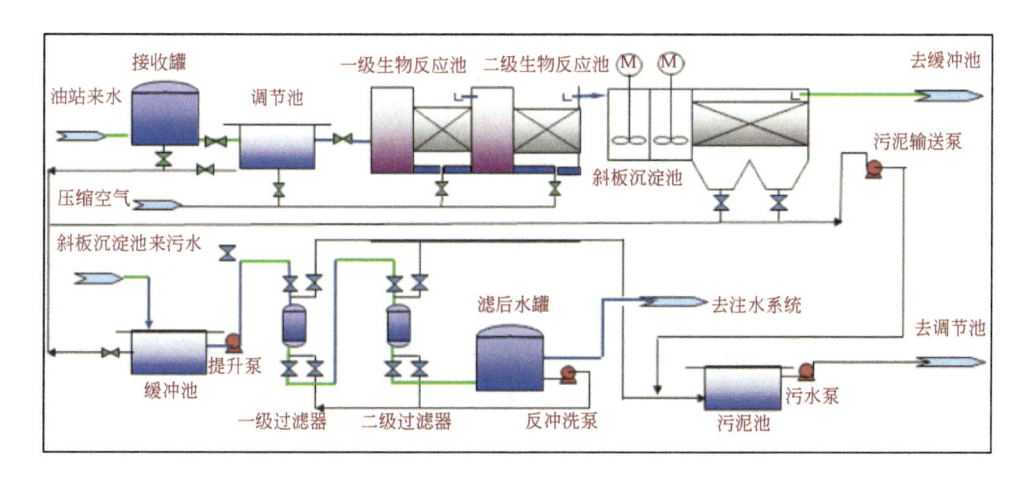

图 5-4　生化处理工艺流程图

5.3.2 返排液污水处理技术现状

油田在钻井、压裂、酸化、洗井、修井等作业过程中会产生大量返排液等作业废水，这些废水含有高分子聚合物、原油以及大量化学药剂，具有高腐蚀性、高含盐量、高含油量和低 pH 等特点（杜杰等，2016）。西部油田因地制宜，通过技术进步和管理创新形成了多套返排液污水处理及重复利用工艺，大幅减少油气田新水用量。

长庆油田在有采出水处理站可依托的油气工作区，将油田返排液经破胶预处理+混凝沉降分离工艺预处理，再依托采出水处理系统，对油田返排液进行二次处理。与此同时，长庆油田还研发了返排液污水处理全流程，配套预处理+混凝沉降分离+过滤等全处理工艺流程，直接处理达到不同油藏指标要求，依托已建注水系统回注。

新疆油田根据返排液的成分设计并实施多套处理流程。对于不见油型压裂返排液，在井场处理压裂返排液实施沉降+杀菌工艺，就地集中建设简单的暂存设施储存处理后的返排液并用于配制滑溜水，以便井场后续压裂循环使用。对于见油型压裂返排液，部分油田在转油站设置多功能分离器及储罐，分离后的返排液用于配制压裂液；部分油田则在处理站通过氧化破胶+絮凝+过滤工艺分离返排液，处理后的返排液优先用于配制压裂液，其次用于油田回注。

5.3.3 西部地区油气开发用水问题

西部地区作为我国能源最主要的生产区，近年来油气产量占比持续上升，未来一段时期也必然随国家能源总产量的增加而增加。同时，伴随着我国着力改善能源结构和生态保护的政策导向，油气资源的开发利用过程中用水及水资源保护问题已成为油气田企业可持续发展的重要问题。

油气开发要消耗大量的淡水资源，很可能对区域地表和地下水系统带来诸多影响，进而引起生态环境的恶化。油气井开发用水量受自然条件与资源条件影响非常大，随着井段深度、水平井长度、产层地质特点、油气井开发期所处阶段的变化，用水量可能会产生很大的变化。受季风气候影响，我国降水在季节分配上具有夏秋多、冬春少的特点，存在明显的水资源自然周期。但是油气开发并不分季节，开发周期往往与水资源条件不相匹配。近年来，水平井和体积压裂技术、工厂化作业模式的应用使得西部地区致密油、页岩油等非常规资源开发成本逐步降低，但是大型压裂所需的巨大耗水量及环境问题仍是阻碍西部地区油气资源开发的重大问题。在油气田水力压裂过程中短时用水量较大，建产阶段则可能挤占当地工业、生活用水，甚至造成河道断流，严重影响区域水资源安全和生态环境系统。

油气层也赋存了地下水，在开发过程中含油废水很可能会对地下含水层中的地下水造成污染。在压裂施工过程中，会产生大量压裂返排液至地面，废液中不仅含有地层中带出的天然杂质，还有压裂液中的添加剂，废水中化学需氧量（COD）及石油类、硫化物、挥发酚等污染物排放浓度远高于《污水综合排放标准（GB 8978—1996）》中的排放浓度。钻井废水若不能及时处理，则可能污染周边的地表水、地下水环境，随着时间的积累，则会对人体造成严重的伤害。为实现西部地区油气持续增储上产与环境友好发展，亟须识别不同类型石油开发过程中的水资源、水环境保障风险，从开发规模、开发模式、节水关键生产技术和管控政策等方面全链条式创新，促进西部地区油气资源与水资源可持续利用与协同安全。

此外，西部油田企业目前在油田用水系统运行及管理方面仍然存在诸多不足。一是用水管理环节仍不完善，部分公司缺少整体统一的供用水组织架构，存在多头管理现象，现有的用水节点管控流程、用水管理指标、操作规程、水质监测措施及考核监督办法还不完善。二是供水和注水设施仍需改善，油田供水和注水系统设施老旧，设备、管线和调节水罐等设施锈蚀和老化严重，部分供水主干管出现腐蚀穿孔，造成水资源浪费。部分站场还存在"大马拉小车"现象，系统运行效率低。另外，由于管线腐蚀结垢严重，严重影响供水水质。三是区域水量供需不平衡，虽然油田供水系统的供水能力能够满足目前油田的用水需求，由于区域跨度大，点多面广，水源地分布分散，供水能力不同，不同区域用水需求不平衡，存在局部供水紧张的矛盾。地方经济建设加快，新鲜水需求量越来越大，在夏季用水高峰期，存在地方保供与油田生产用水之间的矛盾。四是污水处理成本高，稠油开发过热锅炉、燃煤锅炉水质要求较高，目前深度处理技术较为单一，例如机械蒸气压缩工艺，水处理费用为 20～25 元/m^3，压裂返排液污水目前采用的氧化破胶+絮凝沉降处理工艺处理费用约 65 元/m^3，高昂的成本限制了技术的规模化应用。

5.4　西部地区油气田未来用水趋势预测

总体来看，在大力推进低碳转型的背景下，未来我国能源结构将持续优化。作为清洁能源，天然气在未来较长一段时间内将在我国能源结构中扮演重要角色。到 2030 年，我国力争将天然气在一次能源消费结构中的占比提高到 15% 左右，预计到 2030 年天然气供应能力达 6000 亿 m^3 以上（钱敏，2018）。

作为我国能源的战略接替区，西部地区是未来油气开发的重点。西部地区油气田企业将持续推进废水再利用计划，进一步减少新鲜水的用量，根据油气田开发预测，西部油气田 2025 年新鲜水需求量约为 2.45 亿 m^3。其中，长庆油田非常规油气资源开发用水量需求依然较大，页岩油产建井需求用水总量为 350 万 m^3，致密气开发需求用水量为 19.7 万 m^3；新疆油田低渗、特低渗致密油和页岩油开发需水较大，页岩油开发未来需求用水量为 160 万 m^3，致密油开发未来需求用水量为 310 万 m^3；塔里木油田地处水资源相对较为匮乏的南疆地区，随着产能建设以及油田作业区防风固沙用水需求的增加，油气田用水量将小幅上升；西南油气田主要产天然气为主，未来用水需求主要集中在天然气净化厂及页岩气开发用水，其中页岩气开发需求用水约为 10 万 m^3。

6 西部地区煤炭资源开发利用对水资源影响与水资源保护利用工程科技

西部地区是我国煤炭生产潜力最大的区域，针对煤炭资源开发与水资源保护协调发展的问题，本章通过对西部典型地区煤炭资源开采、利用和转化技术的调研，评估现有的煤炭产业发展用水需求及水资源保护利用技术现状，并对煤炭开采水资源利用潜力进行预测。

6.1 西部地区煤炭产业发展现状

我国煤炭资源的地理分布极不平衡，呈现北多南少、西多东少的分布规律，西部地区是我国煤炭能源安全保障供给区。2019 年西部地区累计原煤产量为 31.1 亿 t，约占全国原煤产量的 83%，外运原煤 11.54 亿 t，火力发电量 1.5 万亿 kWh，占全国火力发电总量的 28%，其中陕西、内蒙古、宁夏、新疆是主要的煤炭资源富集区。近年来西部地区合理有序地推进大型煤炭基地、煤电基地以及煤化工基地建设，形成了以煤为基，煤炭、煤电、煤化工产业为一体，煤炭上下游产业融合发展的现代能源经济体。

内蒙古煤炭资源横跨我国东北、华北、西北三大聚煤区，据统计，内蒙古煤炭保有资源储量约 4590 亿 t，占全国约 27% 以上。自 21 世纪以来，内蒙古煤炭开发经历了一个高速发展期，并在 2012 年达到了顶峰，年产量达到了 10.8 亿 t；随后由于煤炭形势及相关政策的影响，年产量回撤进入调整期，2019 年原煤产量 10.35 亿 t，产量居全国第一，占全国的 27.6%。经过多年的发展，内蒙古煤炭资源的开发利用形成"产能大、水准高"的总体格局。内蒙古已建成 11 条 500kV 外送电通道，外送电能力 2600 万 kW，位居全国第一。煤化工产业经过多年的发展，已具备了相当的规模，建成了煤制油、煤制烯烃、煤制天然气、煤制乙二醇、煤制二甲醚五大国家级现代煤化工示范基地，现代煤化工产能产量规模均跃居全国前列。

新疆煤炭查明保有资源储量 4506 亿 t，占全国的 26.4%，仅次于内蒙古。新疆含煤面积广，"北富南贫"区域分布特征突出。新疆煤炭资源主要分布在准噶尔盆地东南部、伊犁盆地、吐哈盆地和塔里木盆地北缘一带，具体可分为准噶尔-北天山、西南天山、塔里木三大含煤区，下辖 13 个煤田和 53 个煤产地。其中，98% 的煤炭资源分布于北疆，南疆阿克苏、喀什、克州、和田四地州煤炭资源仅占新疆煤炭资源总量的 2%，而且主要集中在阿克苏地区。

陕西含煤总面积约 5.7 万 km^2，是国内煤炭资源较丰富的地区，截至 2018 年底，累计探明资源量 1716.48 亿 t。陕西煤炭资源分布较广，约占全省总面积的四分之一，97 个县（市）中，67 个县（市）有煤炭资源，其中 47 个县（市）具备一定规模的煤炭生产能力。陕西积极培育壮大陕煤化集团、延长集团等省属企业，组建了陕西能源集团（陕能）、陕西榆林能源集团（榆能），形成了以神华、陕煤化两个亿吨级企业为龙头，陕能、榆能、延长等千万吨级企业加快做大做强的良好局面。国家能源集团、陕煤化、陕能、榆能总产量占到全省 50% 以上，初步形成了以大型企业集团为主体的开发格局。

宁夏保有煤炭资源储量 329.8 亿 t，约占全国的 2%。宁夏煤炭资源主要分布在宁东、贺兰山、香山和宁南四大煤田中，其中宁东煤田煤炭资源储量为 274.9 亿 t，占全区的 83.4%。作为全国重要的煤电基地和"西电东送"重要的送端电源，宁东基地建成了世界首个 100 万 kW 超超临界空冷电站、世界首条 ±660kV 电压等级直流输电工程、世界直流电压等级最高的宁东至浙江特高压直流输电工程，与此同时，宁东基地重点推动煤化工产业，现已形成全国最大的煤制油和煤基烯烃生产加工基地。

6.2 西部地区煤炭资源开发利用对水资源系统影响分析

煤炭开发利用是高耗水产业，煤炭开采、煤炭选洗、燃煤火电、煤化工等煤炭产业链的各个环节都需要耗水（图6-1），更重要的是煤炭开采环节会破坏地下含水层并产生大量矿井水，据统计我国每年矿井水损失达60亿t（李井峰和熊日华，2016）。煤炭与水资源的逆向分布使得我国煤炭开采水资源保护利用成为煤炭绿色开发的重大技术难题（顾大钊等，2016）。本书以36座西部矿井为例，对比西部煤矿生产用水量和矿井涌水量。

开采 69亿t
吨煤开采破坏地下水2t

洗选 7亿t
吨煤洗选水耗0.25t

火电 59亿t
发电水耗1.4t/(MW·h)

现代煤化工 5亿t
煤制油水耗5~7t/吨油
煤制烯烃水耗20~30t/吨产品

图6-1 煤炭资源开发利用对水资源需求

研究选取的西部矿井具体包括陕西省咸阳矿井1座、榆林矿井9座，内蒙古鄂尔多斯矿井23座，宁夏灵武矿井1座，新疆乌鲁木齐及阿克苏矿井各1座（表6-1），共涉及煤炭产能146万t/a，矿井每日生产生活总用水达10.45万m^3，吨煤生产水耗（不含选煤厂）平均约为0.261m^3，对照2008年发布的《清洁生产标准煤炭采选业》（HJ 446—2008），达到了三级标准。通过对比可发现，不同矿井的涌水量差异极大，36座矿井中有18座矿井的设计涌水量小于矿井生产生活用水量，这部分矿井在充分利用矿井涌水的基础上，仍需通过引水满足矿井工作所需；而另外18座矿井的设计涌水量则大于生产生活用水量，多余的矿井水无法就地利用。

表 6-1 矿井初步设计中涌水量和用水量数据统计

所属地区	设计生产能力/(Mt/a)	矿井生产生活总用水/(m³/d)	吨煤生产综合耗水量/m³	预计涌水量/(m³/d)	吨煤涌水量/m³
陕西咸阳	4.00	7 274.40	0.66	10 560.00	0.96
	30.00	15 775.70	0.19	86 832.00	1.06
	0.90	965.10	0.39	1 440.00	0.58
	1.20	4 023.30	1.22	6 004.80	1.83
	1.20	2 151.62	0.65	1 440.00	0.44
陕西榆林	12.00	5 096.00	0.16	10 824.00	0.37
	3.00	929.98	0.11	3 072.00	0.37
	1.50	1 322.40	0.03	720.00	0.18
	1.20	2 789.40	0.85	2 160.00	0.66
	8.00	4 304.94	0.20	11 688.00	0.53
	13.00	4 435.82	0.12	2 640.00	0.07
	8.00	7 456.50	0.34	5 503.00	0.25
	6.00	7 180.80	0.44	8 436.00	0.51
	0.60	417.79	0.25	240.00	0.15
	0.60	755.87	0.46	360.00	0.22
	3.00	1 536.00	0.19	1 850.40	0.23
	1.50	3 407.57	0.83	860.16	0.21
	12.00	4 049.20	0.12	3 600.00	0.11
内蒙古鄂尔多斯	0.30	122.16	0.15	360.00	0.11
	0.60	500.00	0.30	240.00	0.15
	5.00	3 270.00	0.24	2 400.00	0.18
	0.45	491.37	0.40	240.00	0.19
	1.20	1 781.20	0.54	4 800.00	1.46
	1.20	1 217.67	0.37	600.00	0.18
	0.30	778.82	0.95	240.00	0.29
	2.40	2 972.00	0.45	2 400.00	0.37
	0.60	793.52	0.48	1 104.00	0.68
	0.60	953.20	0.58	600.00	0.37

续表

所属地区	设计生产能力/(Mt/a)	矿井生产生活总用水/(m³/d)	吨煤生产综合耗水量/m³	预计涌水量/(m³/d)	吨煤涌水量/m³
内蒙古鄂尔多斯	0.60	501.40	0.31	360.00	0.22
	10.00	3 197.91	0.12	3 600.00	0.13
	1.50	1 888.24	0.46	2 472.00	0.60
	1.50	1 345.27	0.33	3 600.00	0.88
	0.30	426.82	0.52	432.00	0.53
宁夏灵武	10.00	7 323.50	0.27	15 528.00	0.57
新疆乌鲁木齐	0.90	1 552.00	0.63	17 870.00	7.25
新疆阿克苏	0.90	1 551.23	0.63	1 087.92	0.44
合计	146.05	104 528.70	—	216 164.28	—
平均值	—	—	0.42	—	0.66

煤炭采掘扰动可能诱发地表裂缝，形成导水裂缝带导致地下水漏失，进而对区域地下水流场产生影响。西部矿区煤层埋藏浅、上覆岩层中有较厚第四系，煤炭开采形成的采动覆岩裂隙带导通地表水和地下水，改变了地下水自然结构状态和系统循环状态。采煤形成的导水裂隙带可能沟通煤层顶板一个含水层或者多个含水层，被直接沟通的含水层地下水通过导水裂缝流入采掘空间，形成了矿井的正常涌水量。在浅部矿区采煤形成导水裂缝带易沟通松散含水层，直接导致该含水层水资源的大量漏失和水位下降。中深部矿区导水裂缝带一般未波及松散类含水层，但大多已沟通松散层下伏的基岩类含水层，导致基岩类裂隙含水层地下水大量漏失，使两含水层间水力梯度增高，层间渗流量增大，同样使松散含水层地下水发生不同程度的漏失和水位下降。这样就形成了以采空区为中心的水位降落漏斗，含水层地下水水位下降是采煤对地下水流场影响的最直接的表现形式。

煤炭开采形成导水裂缝的同时在地表形成沉陷，地表沉陷对地下水系统的影响主要存在三方面：一是地表沉陷对原井田内地形地貌产生影响，易形成周边地表汇水向内部补水。二是在浅部矿区采煤沉陷产生地表裂缝可能沟通与井下采空区的水力联系，增加大气降水的入渗系数，间接影响水源勘查区大气降水的补给量。三是当松散层地下水埋深较浅时，地表沉陷导致沉陷区地下水位埋深变浅甚至出露在地表形成积水区，进而导致潜水蒸发量增大，从而引起松散层含水层地下水资源大量蒸发排泄及沉陷区潜水流场发生变化，如图 6-2 所示。近年来，我国从水资源保护利用的角度加强了煤炭开采对地下水系统影响研究，特别是针对西部地区侏罗纪煤层开采导致萨拉乌苏组松散含水层地下水严重渗流问题，研究提出了煤矿地下水库、生态水位、保水采煤等研究成果。

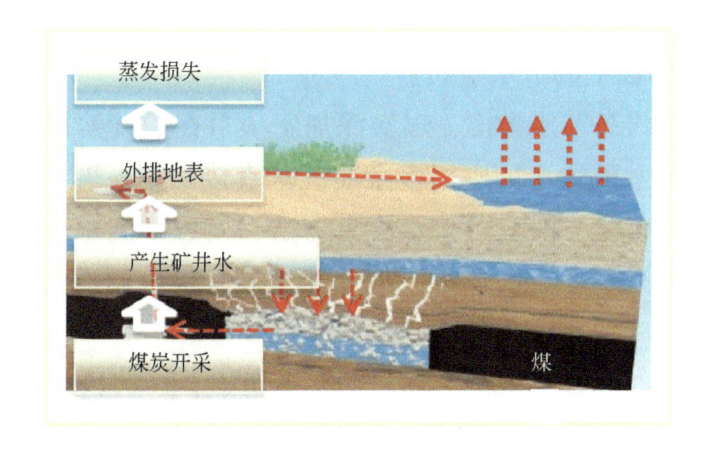

图 6-2　西部地区煤炭开采地下水损失路径

近年来，宁东能源化工基地、陕北能源化工基地等一系列煤化工基地相继在宁夏、陕西、甘肃、内蒙古等地建设，成为带动西部地区经济增长的重要支柱。西部地区经济的快速发展以及各类项目的陆续建设，加剧了这些地区水资源的供需矛盾。因此，社会上对于发展煤炭深加工耗水量大的争议越来越大。《关于规范煤制燃料示范工作的指导意见》《水污染防治行动计划》《实行最严格水资源管理制度考核办法》等产业政策的出台，对煤化工的发展提出了"以水定产、总量控制、严禁取用地下水"等更高标准，煤化工产业发展面临的水资源约束更为严格。

煤炭深加工示范项目建设之初，项目单位水耗确实较高，在项目建成并稳定运行后，针对如何降低煤炭深加工项目单位水耗开展攻关，在公用工程配套、工艺单元匹配、水系统管理方面加强优化，多个项目的单位水耗有了大幅度的下降。例如，神华百万吨级煤直接液化项目吨油耗水由10t左右降到5t以下；神华包头60万t煤制烯烃项目吨产品耗水由设计的37t降到28t以下，新建项目的水耗设计值降低到15t以下。随着工艺优化完善和科技进步，新建项目通过采用先进节水技术及废水近零排放技术，进一步降低水耗，包括采用先进的节水工艺及设备、空冷技术、循环水系统优化，以及废水处理、再生回用等技术，有30%以上的节水空间。

在工艺及设备节水方面，煤炭深加工项目在设计阶段可通过对工艺单元进行节水配置，如应用多杂质废水直接回用、再生循环和再生回用的水网络优化方法，引入水夹点方法，设置中间水道等，进行水系统优化。此外在空分、制冷、压缩等工段采用电驱设备，减少厂区蒸汽的消耗，降低水资源的单耗水平。

循环水系统是煤炭深加工项目用水的重点，厂区约有50%以上的水消耗于循环水的蒸发。目前，已经投产的煤炭深加工项目，大多采用了开式的循环水系统，循环水的消耗较大。若工艺系统的循环水采用目前较先进的消雾节水冷却塔技术，可以节约用水约18%；若热电和空分系统的循环水采用闭式循环水系统，可以节约用水50%以上。

在废水回用方面，采用先进的膜处理废水回收技术、高效膜浓缩技术和蒸发结晶技术，能够实现全厂污水综合回收率达到90%以上。回收的水可用于循环水系统补水和化学水处理站补水，大幅降低外排废水的量，减少项目的新鲜水耗。通过以上措施，新建项目可以实现煤制油耗水6~7t/吨油品、煤制气耗水7×10^{-3}~9×10^{-3}t/立方米天然气、煤制烯烃耗水12~14t/吨烯烃的先进指标。

6.3 西部地区煤炭产业发展用水需求与水影响预测分析

6.3.1 西部煤炭开发矿井水利用现状

矿井水是矿物开采过程中不可避免产生的伴生物,受到传统计划经济的影响,煤炭工业注重采矿业而轻视伴生资源的合理开发和利用。2018年,我国煤矿矿井水资源量约为68.9亿 m^3,平均利用率仅为35%(顾大钊等,2021)。目前矿井水开发利用模式主要是矿区自用、工业用水大户连供,以及外排接入城市集中供水管网等模式。本节以神东矿区、宁东矿区为例,分析西部典型矿区矿井水利用现状。

(1) 神东矿区矿井水利用现状

神东矿区地跨陕西、内蒙古、山西三省份,现为我国也是世界最大的煤炭生产地(图6-3),年产量超过2亿t。神东矿区的开发主体是神东煤炭集团,产量约占全国总产量的6%、全国重点煤矿产量的12%。

图6-3 神东煤炭基地

2019年神东煤炭集团每天产生矿井水总量约为28万 m³，其中内蒙古境内的7座矿共产生矿井水约9.4万 m³/d，陕西境内6座矿共产生矿井水约18.2万 m³/d，山西境内1个座产生矿井水约3500m³/d。

神东煤炭集团2019年总用水量约9000万 m³，其中8400万 m³ 来自矿井水，矿井水提供了矿区约93%的用水量，是矿区最重要的水源。神东煤炭集团矿井水产生与利用概况见表6-2。

表6-2 神东煤炭集团矿井水产生与利用现状概况（2019年）

(单位：m³/d)

省份	矿井	矿井水产生量	矿井水利用量					矿井水排放量	利用率（%）
			生产	生态	生活	其他	小计		
陕西	大柳塔井	26 306	18 584	0	0	1 506	20 090	6 216	76.37
	活鸡兔井	22 984	17 067	1 034	0	0	18 101	4 883	78.75
	石圪台矿	28 454	5 962	100	11 324	3 319	20 705	7 749	72.77
	哈拉沟矿	14 517	3 399	3 745	5 411	0	12 555	1 962	86.48
	榆家梁矿	4 094	4 040	0	0	54	4 094	0	100
	锦界矿	85 985	15 992	2 593	30 694	15 231	64 510	21 474	75.03
内蒙古	乌兰木伦矿	22 215	2 367	5 757	13 400	0	21 524	691	96.89
	补连塔矿	29 910	8 694	16 347	0	0	25 041	4 869	83.72
	上湾矿	7 623	4 341	3 258	0	0	7 599	23	99.70
	布尔台矿	20 198	8 409	4 337	3 771	2 117	18 634	0	100
	寸一矿	533	1 564	0	533	0	2 097	0	100
	寸二矿	5 097	2 970	0	2 127	0	5 097	0	100
	柳塔矿	8 014	2 250	5 506	0	258	8 014	0	100
山西	保德矿	3 493	2 178	43	0	0	2 221	1 272	63.58
	合计	279 423	97 817	42 720	67 260	22 485	230 282	49 139	82.41

由表6-2可以看出神东煤炭集团2019年矿井水总体利用率达到了82.41%，其中榆家梁、布尔台、寸一、寸二和柳塔这5座矿井的矿井水利用率达到了100%。14座矿井中有9座矿井的矿井水利用率超过80%，仅有1座矿的矿井水利用率低于70%。各矿的矿井水利用率见

图6-4。

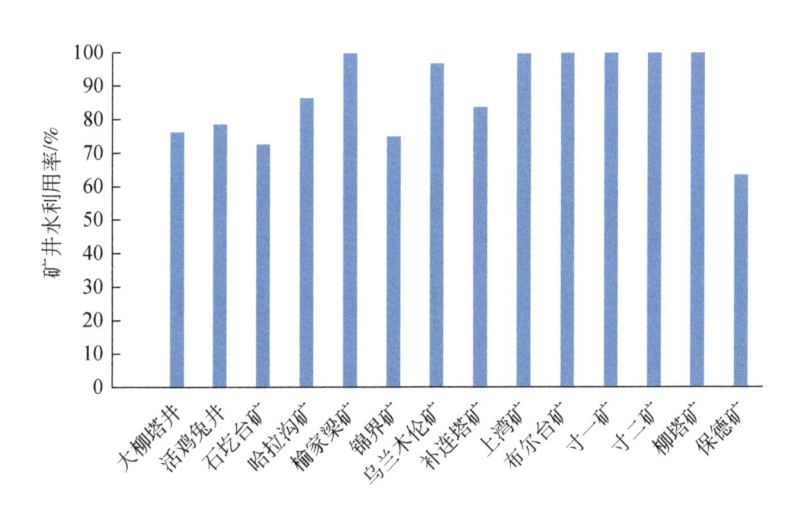

图6-4 神东各矿矿井水利用率

神东煤炭集团的矿井水利用方式可以大体分为生产用水、生活用水、生态用水和其他用水四个方面。2019年神东煤炭集团每天产生的28万 m³ 矿井水总量中，用作生产、生活和生态用水的矿井水分别约有9.8万 m³、4.3万 m³ 和6.7万 m³，分别占到了矿井水总量的35.1%、24.0%和15.3%。同时，还有约4.9万 m³ 矿井水外排，占到了矿井水总量的17.6%，如图6-5。

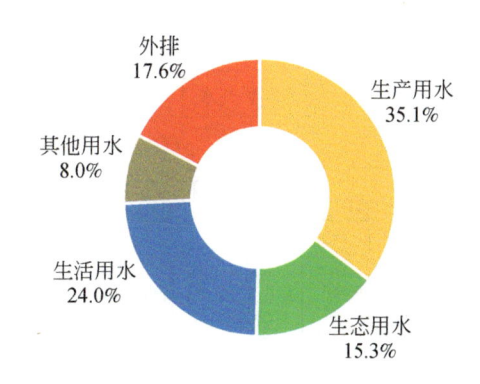

图6-5 神东矿井水各种利用方式占比

由于每座矿井的地理位置、矿井水水质和水量等因素存在差异，造成矿井水利用方式有很大的不同，例如乌兰木伦矿、石圪台矿、哈拉沟矿和锦界矿，由于矿井水水质较好，且靠近神东核心区，所以矿井水用于生活用水的比例就较高；大柳塔井、活鸡兔井由于产量高，其矿井水用于生产用水的比例较高；榆家梁矿和寸一矿由于矿井水产生量较小，首先要用以保证生产用水，因此矿井水用于生产用水的比例较高；而保德矿由于远离神东核心区，附近缺少利用矿井水的产业，因此矿井水外排占比较高。

目前，神东矿区矿井水处理主要有煤矿地下水库净化和地面水处理设施处理两大方式。

与传统矿井水处理过程相比，煤矿地下水库净化处理技术是根据矿井水质和采空区充填物的矿物特征，以采空区为流动集水区，利用采空区岩石的孔隙和裂隙介质，根据实际或人为施加的地形条件，在矿井水运移过程中，通过自身所含颗粒物的沉淀及介质的过滤、吸附和离子交换等作用，达到净化矿井水的目的。煤矿地下水库对矿井水的净化机理见图6-6。神东煤炭集团在用地下水库共计33个，储水总量2840万 m³，目前经煤矿地下水库处理后利用的矿井水占矿井水总体利用量的90%，煤矿地下水库提供了神东矿区大部分用水，是矿区最重要的水资源，保障了矿区用水安全。

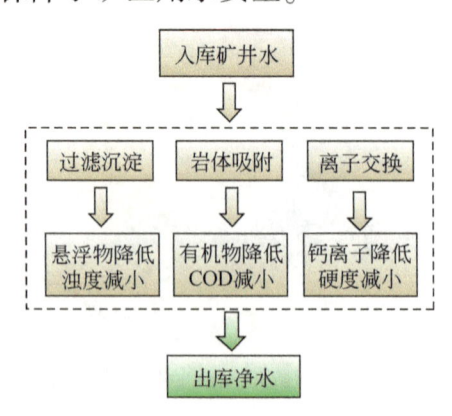

图6-6 煤矿地下水库利用采空区净化矿井水机理

2019年神东矿区共有地面矿井水处理厂13座，总设计处理能力为20.7万 m³/d，神东矿区矿井水处理站基本情况详见表6-3。地面矿井水处理站主要采用混凝—沉淀—过滤工艺。

表6-3 神东矿区矿井水处理站基本情况（2019年）

所属单位	处理厂名称	投运时间	设计能力/(m³/d)	实际运行能力/(m³/d)	状态
大柳塔煤矿	大柳塔井矿井水处理厂	1995	22 000	12 000	在用
	活鸡兔井矿井水处理厂	1993	12 200	9 000	在用
石圪台煤矿	石圪台矿井水处理厂	2015	16 000	7 000	在用
哈拉沟矿	哈拉沟煤矿矿井水	2006	4 800	2 000	在用
锦界矿	锦界矿青草界矿井水处理厂	2007	21 600	6 000	在用
	锦界矿主井矿井水处理厂	2012	43 200	28 800	在用
保德矿	保德煤矿矿井水处理厂	2008	6 000	4 000	在用
乌兰木伦矿	乌兰木伦矿井水处理厂	2009	6 000	2 500	在用
补连塔矿	补连塔矿井水处理厂	2008	15 000	12 000	在用
上湾矿	上湾矿井水处理厂	2007	20 000	12 000	在用
布尔台矿	布尔台旧矿井水处理厂	2008	15 000	31 000	在用
	布尔台新矿井水处理厂	2013	22 000		在用
柳塔矿	柳塔矿井水处理厂	2007	2 880	—	停用

（2）宁东矿区矿井水利用现状

宁东矿区位于宁夏东部，包括灵武、鸳鸯湖、横城、马家滩、积家井、萌城、韦州七个矿区和石沟驿一个独立井田，南北长130km，东西宽50km，含煤面积约2000km²，探明地质储量273亿t，占全区探明储量的87%，远景预测储量1394亿t。宁东矿区是全国十四个大型煤炭基地之一。现有正常生产的煤矿18座，伴随着煤炭的开采，大量的矿井水外排，不仅会对周边环境造成污染，同时更是对水资源的巨大浪费。通过对各煤矿矿井水水质监测，宁东矿区矿井水中悬浮物含量均超出《煤炭工业污染物排放标准（GB 20426—2006）》的要求限值，矿化度为 3024~11 435mg/L，普遍偏高，属含大量悬浮物的高矿化度矿井水。

宁东能源化工基地主要矿区包括灵武矿区、鸳鸯湖矿区、积家井矿区、横城矿区和马家滩矿区 5 个矿区（图 6-7），矿井疏干水涌水总量达 6563.73 万 m³，其中鸳鸯湖矿区涌水量最大，达 3162.36 万 m³，占总涌水量的 48.2%，横城矿区涌水量最少，为 144.64 万 m³，仅占总涌水量的 2.2%。

图 6-7 宁东能源化工基地

各煤矿 2018 年矿井水回收利用总量为 1554.5 万 m³，平均矿井涌水量达 8640m³/d，特别是羊场湾矿、梅花井矿、红柳矿、枣泉矿和灵新矿每天的矿井水用水量都超过了 10 000m³。煤矿的矿井水涌水和利用情况见表 6-4，宁东地区只有任家庄矿、金凤矿、枣泉矿、灵新矿和红石湾矿矿井水利用情况较好，而其他矿区产生的矿井水基本不经利用，直接外排。宁东能源化工基地矿井水回用率为 23.7%，按照现状回用情况，大致分为三类：一是湖泊生态补水，主要涉及羊场湾矿和枣泉矿，两个矿区为圆疙瘩湖年补水 473.67 万 m³；二是与周边电厂实现连用，总量为 230.16 万 m³；三是各井矿直接回用，主要用于煤炭开采、厂区绿化用水等，共计 850.7 万 m³。

表 6-4 宁东能源化工基地部分矿区涌水及利用情况

序号	单位	涌水量 7月日平均/(m³/d)	涌水量 最大量/(m³/d)	预处理量/(m³/d)	深度处理外供/(m³/d)	实际外排量/(m³/d)	矿井水利用情况 用途	矿井水利用情况 利用量/(m³/d)	矿井水利用率/%
1	任家庄矿	1 954	2 613	1 954	316	1 100	消防、井下用水	854	43
2	清水营矿	1 670	2 192	1 670	0	1 670	外排	0	0
3	羊场湾矿	17 202	19 057	17 000	0	17 000	降尘	200	1.2
4	梅花井矿	16 323	21 000	16 323	0	16 323	外排	0	0
5	金凤矿	5 018	5 200	5 018	1 303	3 336	消防以及绿化用水	1 303	26
6	双马矿	8 793	9 200	8 793	0	8 793	外排	0	0
7	红柳矿	11 214	11 214	11 214	0	11 214	外排	0	0
8	石槽村矿	8 050	8 050	8 050	370	7 680	消防、井下用水	370	5
9	枣泉矿	13 760	22 800	10 800	4 000	6 000	矸石山灭火、煤场降尘用水	5 000	45
10	灵新矿	9 600	12 240	9 600		10 000	煤场降尘	24 00	20
11	红石湾矿	1 476	2 000	600		1 000	绿化用水	1 000	50

截至2020年，宁东矿区已建和在建的矿井水处理站共10座，其中已建成5座，预处理规模23 140m³/d。矿井水处理工艺一般为絮凝+沉淀+脱盐，处理后的水按等级用于矿井生活、生产用水、煤场防尘、绿化洒水及井下防火灌浆用水等，一方面增加水资源供应，另一方面可以减少其对周边地表环境及地下水的污染。以灵新矿和枣泉矿为例，矿井水的简单处理和深度处理利用情况分别如下。

灵新矿矿井水属于高矿化度矿井水，矿化度在5000mg/L上，悬浮物在300mg/L以上。目前已经在井下建成矿井水预处理系统，处理站采用高密度高效沉淀矿井水净化处理工艺，设备能力按800m³/h，单套设备处理量为400m³/h，处理后水中悬浮物30mg/L。处理后的矿井水将作为宁煤煤化工用水，送入煤制油公司。

枣泉煤矿矿井水处理站占地面积 10 710m^2。枣泉矿全日正常涌水量 10 800m^3/d，矿井水总矿化度高于 8000mg/L，悬浮物高于 300mg/L，是典型的高盐度苦咸水。处理站采用预调节池+高密度沉淀+V型滤池+超滤+反渗透处理工艺，矿井水深度处理产水量为 5220m^3/d。深度处理水主要用于矿区生产使用，供给井下消防洒水、矿井地面生产用水、选煤厂用清水和部分矿井生活用水，能保证全矿的生产生活用水。同时，全日产生过程水 2769m^3/d，用于景观湖用水和灌浆站用水；产生浓水 2811m^3/d，排入规划建设的羊场湾矿一分区附近的圆疙瘩湖作为灵武矿区的蒸发池。

6.3.2　煤炭开发的水资源保护利用技术

长期以来，针对煤炭开采的水资源保护问题，国内外进行了大量的技术研究和工程实践，基本形成了两大类技术途径：一是以堵截法为特征的保水开采技术；二是以疏导法为特征的矿井水储存利用技术。

堵截法保水开采技术的核心是保护煤层上方隔水层完整性，避免形成导水裂隙，从而堵截地下水向下渗流，实现保护含水层地下水的目的。采用的主要技术手段包括充填开采、限高开采、房柱式开采、保水区域划分等。充填开采在我国东部和中部矿区，特别是在"三下"采煤[①]中得到较好的应用，但在我国西部煤炭主产区推广应用，必须解决提高充填效率和降低充填成本等难题。针对西部煤炭开采地下水保护，相关学者研发了基于生态水位保护的保水区域划分、房柱式开采和条带式开采等技术，但其推广应用尚需解决提高煤炭资源采出率等问题。

近几年来，一种典型堵截法保水开采技术开始实行，即地下帷幕

---

① "三下"采煤是建筑物下、铁路下和水体下采煤方法的统称。

截流注浆技术。帷幕截流注浆技术是我国矿山水害防治工作者在借鉴力水电部门坝基灌浆防渗技术的基础上提出的,利用钻孔注浆建造地下帷幕、切断补给水源与采掘空间之间联系,从而达到保水开采目的。帷幕截流注浆技术是采用注浆的方法在含水介质层中尽量垂直地下水流方向建造地下阻水墙以防治矿井水害的方法。它也是一种人工改造含水层水文地质条件或矿井充水条件的方法,其实质是把含水介质层的补给边界改造成为阻水边界,减少含水层的侧向动态补给水量,使含水介质层在煤炭开采时变得较易于疏干或大幅度减少矿井动态涌水量。帷幕注浆通过对含水层进行注浆截流,人为改变水文地质条件,减小了矿井正常涌水量或突水量,是处理进水边界的有效技术措施。

保水开采技术还包括煤层底板超前区域注浆改造保水技术。大采深高承压水条件下,一般小型断裂构造或断裂带都有可能形成突水通道,在采煤扰动下易造成底板水进入采掘空间,破坏原地下水系统。超前区域注浆改造保水技术是在大采深高承压水头条件下,以"不掘突水头,不采突水面"为目标,对煤层底板从"一面一治理"转变为以采区或更大区域以及受构造所分割的水文地质单元实施区域治理,从回采工作面形成后再治理提前到掘前预先主动治理,从以井下治理为主转变为以地面治理为主,从以煤系薄层灰岩含水层作为主要治理对象延伸到以奥灰含水层顶部作为主要治理对象。该技术在解决井下采煤安全问题的同时,也解决了地下水资源的主动保护。

以疏导法为特征的矿井水井下储用技术主要指在掌握并利用煤炭开采地下水运移规律基础上,将矿井水转移至采空区进行储存,并建设相应的抽采利用工程,确保矿井水不外排地表,实现矿井水资源的保护利用。神东矿区经过近20年技术攻关和工程实践,研发成功了煤矿地下水库技术(图6-8),即利用煤炭开采形成的采空区岩体空隙,用人工坝体将不连续的安全煤柱连接形成水库坝体,形成相对封闭的储水空间,同时建设矿井水注入设施和取水设施,充分利用采空区岩体对矿井水的自然净化作用,实现矿井水井下储存与利用。

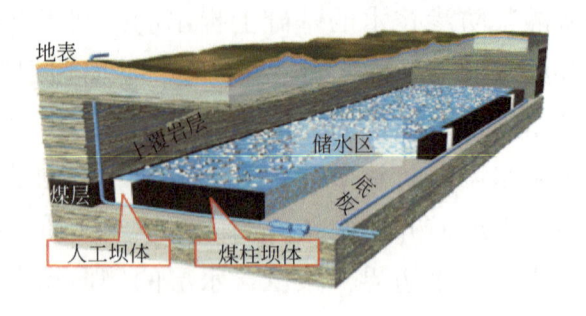

图 6-8　煤矿地下水库技术

此外，矿井水回注技术也是常用的煤炭开发水资源保护利用技术。该技术将处理达标的矿井水通过钻孔、自然下渗等方式储存在松散层或有空间的地层中，并在需要利用的时候可将其顺利采出利用。该技术在美国、欧洲有很长的研究和应用历史，近年来在采矿业，这种做法越来越受到重视。南非的 Kolomela 铁矿位于南非开普省北部，开采活动破坏了地下含水层，为了控制地下水位下降，减小对地面农业和生态的影响，该矿利用钻孔每月向含水层回注约 36 000m³ 矿井水，取得了很好的效果。此外，澳大利亚 Mt. Whaleback 铁矿、美国的 Betze-Post 金矿，德国的 Garzweiler 煤矿、西班牙的 Alquife 铁矿和 Las Cruce 铜矿等都采用了矿井水回注技术。

6.3.3　西部地区矿井水利用潜力分析

矿井水实质是地下水资源，属于特殊的地下水资源（郭雷等，2014）。在煤炭开采过程中，矿井水会受到粉尘和岩尘的污染，是煤矿及其他矿山具有行业特点的废水，但与生活和工业污水相比，大多数的矿井水处理较为容易。矿井水经处理后，可作为生产、生活和生态用水。推进矿井排水产业化利用，提高矿井水资源利用率和利用水平，不但可防止水资源流失，避免对水环境造成污染，而且对于缓解矿区供水不足、改善矿区生态环境、最大限度地满足生产和生活用水需求具有重要意义。中国煤炭工业协会印发的《煤炭工业"十四五"高质量发展指导》提出,"十四五"时期,生态环境约束不断强化,煤炭行业必须加快向洁净化转变,加快建设以绿色低碳为特征的现代化经济体系,实现煤炭工业高质量发展。

综合中国工程院、国家能源局相关煤炭生产布局研究,未来西部地区矿井水利用率将逐步提高。矿井水在开采过程中排放量相对稳定,作为水资源其水量有一定的保证,矿井水经处理后主要利用方向有:矿区回用,如煤矿生产、绿化、防尘等用水,矿区周边农田灌溉用水,矿区周边企业的工业补充用水,与城市供水系统管网用于居民生活用水等。未来西部地区新建煤矿设计中可优先选择矿井水作为生产水源,矿区周边建设燃煤电厂,也可优先选择矿井水作为供水水源。结合未来西部地区煤炭产量、矿井水产出量对矿井水利用率进行估算(表6-5)。2025年西部地区矿井水利用率约为50%,矿井水利用潜力约为7.85亿 m^3,2035年矿井水利用率将进一步提高,达到80%,矿井水利用潜力约为21.71亿 m^3。

表6-5 西部矿井水利用潜力分析表

省份	分区	现状			预测					
					2025年			2035年		
		原煤产量/万t	矿井排水量/万m^3	富水系数	矿井水利用率/%	原煤产量/万t	矿井水利用率/%	矿井水利用潜力/万m^3	原煤产量/万t	矿井水利用率/%	矿井水利用潜力/万m^3
陕西	陕北	50 712.09	40 928.28	0.81	30	66 000	50	24 128	67 000	80	50 702
	陕中	11 612.41	20 544.64	1.77							
内蒙古	蒙东	26 556.8	90 249.72	3.4		105 500		49 794	107 000		151 874
	蒙西	66 041.1	95 437.73	1.45							
宁夏	—	7 416.2	4 480.65	0.6		7 500		906	8 000		2 496
新疆		19 037.3	11 107.35	0.58		24 000		3 628	33 000		11 980
合计	—	181 375.9	262 748.29			203 000		78 456	215 000		217 052

7 西部地区能源与水资源协同安全保障需求与战略

7.1 新发展理念下的能源与水资源协同安全保障需求

新发展理念是新发展阶段推动各领域高质量发展的思想引领，要贯彻到发展各领域和全过程，具体指创新发展、协调发展、绿色发展、开放发展、共享发展，其中创新发展解决发展动力问题，协调发展解决发展不平衡问题，绿色发展解决人与自然和谐问题，开放发展解决发展内外联动问题，共享发展解决社会公平正义问题。能源和水是国家发展最为重要的基础性自然资源和战略性经济资源，面对国家治理的现实需求和能源-水耦合系统复杂化对资源管理赋予的全新任务，在新发展理念的指导下保障西部地区能源与水资源的协同安全，构建起能源与水资源复杂系统的需求保障路径，是推动我国经济社会健康发展的迫切需要和必然要求。

7.1.1 创新发展理念下的能源与水资源协同安全路径需求

创新是引领发展的第一动力。牢固树立创新发展理念是党中央基于历史、立足现实、面向未来作出的科学判断。近年来，水资源短缺、水环境污染、水生态退化等水问题在我国西部地区集中出现，而国际能源环境恶化也对国内能源安全保障提出了更高要求，在此背景下，更应该将创新发展置于首要位置，集中力量推动创新成果的不断涌现和生产力转化。能源和水作为传统行业，技术思维惯性大、创新活力稍显不足，长期以来重应用轻研究，导致技术基础理论研究相对薄弱，基础材料、关键元器件、工程控制系统等技术装备短板逐渐显现，而这类研究涉及领域广、周期长、投资大、见效慢，需要进一步加大科技创新投入支持。此外，从机制创新角度看，需要完善能源、水资源交易机制，推进资源价格市场化，初步建立能源、水科学定价制度，协同推进能源、水系统改革和法治建设，不断完善相关法律体系。整体来看，由于水资源和能源之间复杂的纽带关系，单独从水系统或能源系统发力已经无法应对西部地区面临的能源与水资源协同安全保障形势，这要求管理部门、学术界和行业从业者从更加综合的视角开展相关技术创新与机制创新，保障水资源和能源行业的可持续发展。

7.1.2 协调发展理念下能源产业水资源配置供给保障需求

各区域、各领域协调发展是对经济社会发展规律认识的深化和升华，为理顺发展关系、拓展发展空间、提升发展效能提供了根本遵循。我国西部地区化石能源储量丰富，并且具有得天独厚的新能源资源优势和先天开发条件，推动西部地区能源产业发展不仅事关国家能源安全，对促进区域经济社会发展、居民收入水平提升和巩固脱贫成果也具有重要意义。尽管能源行业用水占西部地区用水总量的比重较小，但在能源基地尺度，水资源短缺依然是制约能源的可持续发展主要因素。在保障区域水生态环境安全的前提下，通过完善水资源交易机制，将用水占比较大且单位效益较低的农业用水节约出来，转让给效益较高的能源行业使用，有利于西部地区获得广阔发展空间和充足发展后劲。从缩小东西部经济发展差距的角度看，强化能源基地水资源配置供给和安全保障能力，以化石能源产业发展为龙头拉动其他行业发展，也有利于促进西部地区经济社会高质量发展。

7.1.3 绿色发展理念下的能源与水资源低影响开发与集约利用需求

能源行业是水密集型行业,能源开发利用对水量、水质、水温、水域空间状态等均有显著影响,由于西部地区水系统本底条件较差,这种影响会更加突出。绿色发展理念下的能源-水协同发展,其本质是解决能源开发利用与水系统和谐共生问题,避免和杜绝以牺牲水资源环境为代价换取能源开发利用。

目前西部地区能源开发用水仍存在三方面问题:一是用水管理环节不完善,部分企业缺少统一的供用水组织架构;二是供水和注水设施仍需改善,部分设备、管线和调节水罐等设施锈蚀和老化严重,造成水资源浪费;三是再生水利用水平较低,存在地方社会经济用水、水资源保护与能源生产用水之间的矛盾。面对西部地区能源与水绿色发展存在的问题,落实低影响开发与集约利用的着力点,在于推动能源行业高效管水、用水,并通过高效无水压裂等新兴节水技术提高用水效率。

7.1.4 开放发展理念下的能源与水利用对碳达峰与碳中和贡献需求

考虑到碳排放对不同行业的广泛影响,碳中和、碳达峰将成为我国发展的长期性战略导向,必将引发未来经济发展模式的根本性变革。能源行业是二氧化碳排放的主要来源,2019年能源相关活动约占我国全社会碳排放比重的八成,而近年来再生水、外调水和淡化海水等高耗能水源的使用也加剧了供用水行业的碳排放规模,面对碳中和、碳达峰的刚性约束目标和未来能源、水需求增加的现实需求,发展先进深度脱碳技术将成为我国发展的必然要求，平衡好水-能源-碳排放之间的动态平衡关系，对新时期我国经济社会发展格局的调整具有重要意义。

7.1.5 共享发展理念下的能源产业发展区域带动需求

能源行业投资规模大，利润回报率高，一直是各地区重要的经济支柱和基础性产业，对各地区经济发展和脱贫攻坚发挥了重要作用。然而，能源产业对当地生态环境系统，特别是水、土、大气等仍有不利影响，部分地区能源开发甚至存在拿走利润，留下污染的现象。这要求能源行业进一步提升区域经济发展带动作用，通过经济补偿、基础设施补偿等措施支撑当地经济社会环境协调可持续发展。共享发展理念核心是以人民为中心，能源发展成就最终的判断标准是人民是否共同享受到发展的成果。因此，能源行业发展要主动适应、融入地方发展需求，围绕高水平全面建成小康社会总目标，促进西北地区经济发展和民生改善，通过不断完善能源治理公众参与制度，促进能源开发利用的全民参与、全民监督和全民评价，为更有利地服务地方民众和带动地方发展创造条件。

7.2 基于能源-水资源纽带关系的"四化一创"协同安全保障战略

能源-水-气候纽带关系协同安全保障战略的最终目标是：避免能源开发利用对水系统和生态环境系统的不利影响，均衡能源-水系统与内外关联要素之间的发展目标，使有限的水资源最大化支撑能源行业的合理开发利用，在规避气候风险的前提下产生最大的环境效益、经济效益、社会效益和创新效益。能源-水纽带关系的协同安全可以看做是在水资源对能源产业支撑最大化（maximum support）、能源产业对水与生态扰动最小（minimum disturbance）、能源对经济社会发展带动最大化（maximum drive）、气候变化对能源与水影响最小化（minimum impact）和能源与水安全保障技术与机制创新（innovation support）这"四化一创"之间寻求平衡（图7-1），从而落实创新、协调、绿色、开放、共享的新发展理念，为新时期国家能源安全、水安全和生态环境安全的同步实现提供支撑。

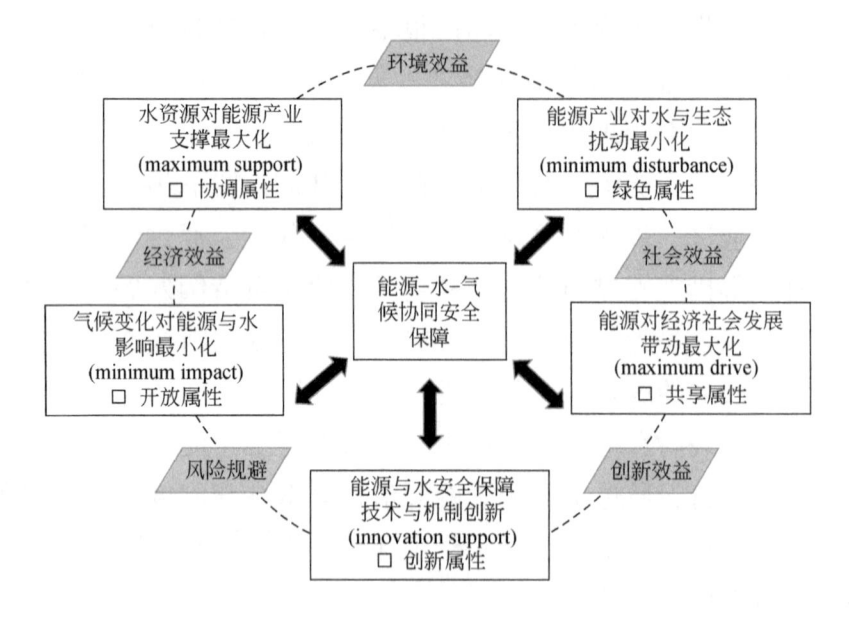

图7-1 能源-水-气候纽带关系协同安全"四化一创"保障战略框架

7.2.1 水资源对能源产业支撑最大化策略

相比于农业及其他工业行业，能源行业用水总量小，经济效益高，是西部地区经济社会发展的重要推动力，实施水资源对能源行业支撑最大化策略有助于破解西部地区发展难题，为加快形成国内大循环发展格局提供助力。但西部地区水资源相对匮乏，且能源基地数量较多、相互分散，能源供水保障存在一定困难。协调好能源高效开发与水资源可持续利用之间的相互关系，把握好能源安全-水安全-经济社会发展之间的平衡，在保障水系统安全的前提下实现西部地区水资源对能源产业最大化支撑。为实现该目的需要重视以下几方面工作。

(1) 实行水资源、能源全过程调控，促进协同发展

建议落实节水优先战略，挖掘节水潜力，提升能源行业用水效率。西部地区应严格遵循"以水定地、以水定产"的发展原则，根据供水能力决定能源发展规模，优化调整能源产业结构，严格控制能源发展规模；限制发展煤制油、煤制天然气、煤制甲醇等高耗水的煤化工产业；鼓励采用最先进的节水工艺和设备，制定用水效率准入门槛，促进区域发展与水资源、水环境承载能力相适应。

对于水资源极端短缺的新疆、内蒙古、宁夏等能源富集区，应推进开展区域发展规划的水资源论证，突出水资源的约束作用，实现水、能源供需双向匹配，优化调整能源产业结构，淘汰水耗高、污染大的生产工艺和技术，积极引进水效高的生产工艺，定用水效率准入门槛，以此倒逼水资源、能源进行合理布局与优化配置、转型升级和产业结构调整。

(2) 完善水资源综合配置保障体系，提升能源产业用水安全保证程度

西部地区是国家最为重要的能源基地，而能源是西部地区经济社会发展的支柱产业，因此，应将能源产业的水资源安全保障放在突出位置，加快完善能源产业的水资源综合配置保障体系，因地制宜地制定水资源保障策略。

从水源方面，构建多元保障体系，合理利用常规水源，加大利用非常规水源，规范取用存量地下水，切实提升能源产业水资源安全保障程度。建议适时调整黄河"八七"分水方案，将水源分配方案适度向黄河上中游地区倾斜；完善非常规水源利用政策，鼓励并加大再生水、中水、雨水、矿井水、微咸水等非常规水源的开发利用。

能源产业在切实落实节水优先战略、挖掘节水潜力、提升用水效

率的同时,也要防治能源生产对水生态环境的影响,包括严格控制地下水超采、减少废污水入河入湖入土、降低取水工程生态影响等。

(3) 加快完善工业与农业之间的水权交易制度,促进跨行业、跨区域、跨流域水权转换

西部地区农业用水比重大,与工业特别是能源行业相比,农业用水比较效益较低。建议充分发挥市场机制,加快完善工业与农业之间的水权交易制度,建立健全水权交易平台,建立法律依据与科学技术支撑,促进跨行业、跨区域、跨流域水权转换。借助市场手段高效配置水资源,鼓励能源企业出资进行灌区节水技术改造,将水资源从丰水区域向缺水区域、从利用效益低的使用者向效益高的使用者转让,在不增加用水总量条件下保障高效益行业用水,在维持水生态健康的基础上保障能源开发,支撑西部地区城市化和工业化发展。

水权交易既可以拓展农业节水融资渠道,改变仅仅依靠国家投资灌区节水工程的传统做法;又能够在一定程度上减轻农民负担,形成农业支持工业、工业反哺农业的经济社会发展新路径。但实施水权转换需要充分考虑农业节水及水权转移的外部风险,完善水权交易机制。一是要控制生态风险,避免干扰维持生态要素平衡的地下水位和导致湖泊水面萎缩等问题;二是要切实保护农民权益,充分考虑转让方的机会损失和受让方的收益,建立基于市场均衡的价格机制。

(4) 加强能源行业发展规划和重大供水工程的顶层设计,完善水资源对能源的保障支撑

由于受到水资源短缺的严重制约,西部地区生存和发展空间面临严峻的挑战,尽管20世纪末开启的西部大开发拉开了"西部崛起"的序幕,但西部地区与东部地区的经济发展水平仍存在巨大的落差。水已经成为西部地区崛起的"牛鼻子",解决西部地区的水资源问题,直接关系着西部国土的稳定和长治久安,关系到西部崛起和丝绸之路

经济带建设的成效，是保障国家均衡、强劲、持续发展的关键。建议解放思想，开拓思路，深入研究和论证西部供水及调水工程，为黄河上中游、河西走廊和新疆等干旱地区提供水资源保障，支撑东疆、宁夏宁东、内蒙古鄂尔多斯、陕西陕北榆林和甘肃陇东等能源工业基地建设。

7.2.2 能源开发利用对水资源与生态环境干扰最小化策略

随着科学技术的不断进步，能源开发利用对水资源和生态环境的干扰正在不断减少，但不可否认，能源行业对水资源与生态环境仍然存在负面影响，需要切实通过技术进步或政策约束将这种不利影响减少到最小，要实现能源开发利用对水资源与生态环境干扰最小化策略，西部地区需要从以下两个方面开展相关工作。

（1）落实节水优先战略，制定用水效率准入门槛，挖掘节水潜力，提升能源行业用水效率

节水是西部地区能源产业用水的优先前提与要求，为积极落实《国家节水行动方案》和《水污染防治行动计划》，能源行业用水管理须从取水、用水、耗水、排水等各个环节采取有效对策优化管理。提高能源行业用水效率准入门槛，新建及改扩建项目必须配套先进的节水工艺和设备。进一步强化水的循环再生利用，降低水资源浪费，推广替代性节水技术，因地制宜地加大非常规水源利用量，实现油田水精细化管理。

在能源勘探、开发、加工等环节，创新用水观念和优化用水结构，引导节水工艺、技术和装备研发，推动先进适用节水工艺、技术和装备的应用和推广，提高能源基地水资源利用整体效率和效益。煤炭矿井应持续加强绿色开发技术及装备的研发和投入，研发低成本的矿井水处理技术和装置，提高矿井水资源的综合利用；火电厂应加大对工

艺节水技术如空气冷却技术、干排渣技术、气力除灰技术等的推广和使用；油气行业应加快压裂返排液、净化水配液研究和试验，降低回用成本，根据油田特点因地制宜，实施不同的处理流程，提高压裂返排液和净化水配液的复配比率，减少新鲜水使用量。

在矿区生活、环境管理环节，需加强矿区生活用水优化管理，提高污水收集及回用率，同时需加强对作业区的绿化用水管理，改变漫灌的绿化灌溉用水方式，推广滴灌、喷灌等节水技术，节省绿化用水。

(2) 进一步加强能源开采过程中的水资源保护，减少对水资源的破坏和污染

能源勘探开发对水资源及水生态的影响主要包括两个方面：一是能源开发特别是煤炭开发过程中引起的地下水和地表水系破坏。二是能源开发过程中污染物的排出，对地表水和地下水的污染。

在协同的理念下，煤炭资源转化利用与水资源供给关系中应关注以下三个方面：一是注重对回收水的利用。能源开发及转化利用环节应该首先考虑充分利矿井涌水、油田采出水、能源基地及周边城市的再生水，以减少能源行业新鲜水用量。二是发展充填、地下水库等低生态损害的煤炭绿色开发及资源综合利用技术。地下水库是煤矿开采中对水资源进行保护和利用的综合性技术，按水资源自身的运移规律或在人工干预下汇集和储存，达到保护地下水资源和地表生态环境的目的。三是减少水资源污染，做到近"零"排放。能源企业各排水系统需要对排出的污水进行分类处理、分级控制，污染装置区设置围堰收集污染雨水，对各装置排出的废水经处理后尽可能分级回用作生产用水。

7.2.3 能源对当地经济社会发展带动最大化策略

西部地区是我国经济后发地区，而其丰富的能源资源将是区域实

现跨越式发展的重要突破口。为实现共享发展理念，能源企业要主动发挥自身特点，集中优势资源，通过经济补偿，基础设施补偿等措施支撑当地经济社会环境协调可持续发展。要实现能源对当地经济社会发展带动最大化策略，能源行业需要从以下三个方面开展相关工作。

(1) 加强西部地区能源资源勘查开发部署，促进西部地区经济更好发展

西部地区煤炭、石油、天然气等资源不仅保有储量多，预测资源量也非常丰富，同时勘查开发程度又普遍偏低，具有广泛的资源前景，但面临较为突出的水资源短缺和生态环境脆弱等问题。在生态环境和水资源保护及综合利用前提下，蒙东地区、晋陕蒙宁地区和北疆地区应在加大化石能源勘查工作的同时，逐步提高勘探和详查比例，形成化石能源资源梯形结构。西部地区还应开展必要的空白区资源调查和基础研究工作，提高西部能源地质研究和资源评价程度，在能源勘探的过程中，同时注意开展矿区水资源勘察工作以及生态环境研究，为能源资源开发战略西进创造条件。

(2) 完善西部能源输送通道，优化能源产业布局

从区位协同来看，随着我国煤炭勘探和开发布局的不断西移，我国能源生产重心偏离消费重心的矛盾将日益突出。而目前西部地区能源输送通道建设总体滞后，现有的铁路、公路、电网及油气管网尚不足以支撑未来全国的能源需求，特别是新疆地区，作为我国资源最丰富的地区，由于运输通道及运输的经济性问题，不少煤矿处于停产状态，产能难以得到有效的利用。另外，西部地区煤炭深加工产业持续发展，煤制油、煤制气等现代煤化工产品管道运输的归属和使用混乱，也成为西部能源清洁高效利用的制约。

西部地区应适时调整优化能源开发与转化布局，严格区分不同区域的发展定位。根据资源赋存条件、市场需求、区域发展条件和区位

特点等进行合理布局，形成各具特色、分工明确的能源开发利用区域。按照"控总量、调结构、促升级"要求，坚持因地而宜、因企而宜，集中资源、集中优势、集中力量，实现产业结构持续优化，产业布局科学合理，按照区域能源品类、质量和赋存特点，进一步优化开发布局，大力发展大型、特大型矿区，加快建设现代化矿井，通过不断提升能源产业集约高效化水平，推动传统能源产业向高端、高质、高效迈进。

（3）延伸产业链条的同时避免能源转化和利用的同质化，更多更好地带动地方就业，促进区域经济发展

目前，西部地区化石能源产业主要集中在煤炭、石油天然气的上游开采环节，能源转化和利用产业仍处于发展阶段。目前西部能源转化和利用路线趋同，以煤炭产业为例，煤炭开发延伸煤电、煤化工产业链，是各煤炭富集区所在地的共同特征，产业同质化将导致对水资源、运输通道等基础设施资源的激烈争夺。西部地区能源及能源化工企业应积极研判行业发展趋势，综合资源、技术、人力资源等优势资源择优布局，延伸产业链条，创新产业模式与技术管理。其中，煤炭产业应以煤炭清洁高效转化为煤炭利用的重要方向，根据不同煤种、煤质选取合适的转化技术，进一步提高煤炭转化技术的能耗、水耗和环保水平，注重发展特种产品和高附加值产品，推动西部地区经济建设快速发展。

7.2.4 气候变化对能源与水资源安全影响最小化策略

碳中和、碳达峰将显著影响我国未来经济发展模式，而能源和水资源作为经济社会发展最重要的基础资源，其开发利用方式将随之面临重要调整，并且气候变化将加剧水-能源系统的不稳定性。西部地区是我国气候变化敏感区，水资源匮乏区和化石能源富集区，在双碳目

标约束和极端天气气候事件增加背景下，实现气候变化对西部地区能源与水资源安全的最小化影响，保障双碳目标的顺利实施，需要重视以下几个方面的工作。

（1）增强能源行业及水系统气候韧性，提高应对气候变化和极端天气气候事件的能力

针对气候变暖背景下，极端事件增多，对能源行业与水系统的影响加重的情况，要加强应对极端气象条件下应急体系建设，促进气候、能源与水系统的融合发展、联动响应，尽可能将突发特殊自然灾害损失降到最低。同时，要针对未来气候变化特征，提高能源与水系统基础设施防御极端气象灾害的标准，主动适应气候变化需要。比如，油气产业中地质调查、钻井工程、地面建设、站场维护等均属于野外高风险作业，受低温、强降水、大风等环境变化影响大，要加强应对极端气象条件的研究，评估气候变化导致的气象灾害风险变化，依据风险评估，及时修订油气田作业施工、野外选址等标准与规范，将有关要求落实到标准制修订中，从源头上保证安全。同时，加强发展规划和重大工程的顶层设计，开展气候可行性论证，依据风险等级科学管控风险，在有关专业标准体系中，未雨绸缪，提前谋划，考虑未来极端天气因素，研究应对举措和具体参数，增强应对气候变化的韧性。

（2）加强气候变化与能源和水耦合关系研究、评估技术发展以及风险管理和适应试点示范

气候变化是极其复杂的综合性交叉学科，涉及气候系统本身，还与社会发展自身密切相关，不同的发展道路下未来气候具有不确定性。对于未来气候变化的影响和认知，更是充满了不确定性。气候变化对能源与水系统影响广泛，需要多维度趋利避害，加强气候变化对能源和水等相关领域的影响评估与风险防控，是科学积极应对气候变化、实现可持续发展、推进生态文明建设的现实需求。

当前，我国西部地区呈现出暖湿化特征，持续监测西部地区气候和环境要素的动态变化情况，加强区域气候与环境演变的科学评估，有助于揭示西部地区气候变化的成因和演变规律，提高精细化气候预测预估能力。同时，气候变化对西部地区的能源和水资源供需关系产生了复杂的影响，需要科学评估气候变化对西部地区气候系统和极端气候事件的可能影响，量化能源、水资源和生态环境等的脆弱性和暴露度，揭示气候变化、不同社会经济和能源发展路径下，能源和水资源供需关系面临的风险；建立气候变化及其对能源与水资源系统及其耦合关系的定量化、系统化评估技术和评估指标体系，提出能源和水资源系统适应气候变化的技术清单，加强针对西部地区能源与水资源安全的气候变化风险管理和适应的试点示范。

（3）优化能源布局，促进新能源科学绿色开发和高效并网，实现能源气候深度融合

以风能、太阳能、水能为代表的主要可再生能源，都是直接或间接的气候资源，气候资源开发利用的不确定性使得其与能源系统要求的稳定性、可靠性还有差距，其高质量发展不是简单通过增加基础设施建设投入即可完成，需要在规划、开发、运行各环节中融合气候科技支撑，提高投入的质量和效益。

我国西部地区是风能、太阳能开发建设的主战场，开展滚动的风能、太阳能资源评估，可以为优化西部地区能源系统规划，形成风能、太阳能、水能开发与常规能源发展协同发展的空间布局，提供科技支撑。加强风能太阳能资源监测精度和密度，提高资源预报准确度，建立精细化风能太阳能水能资源数据库，可以为重大能源战略决策和能源规划提供精细服务。同时，西北地区是我国气候生态敏感区和脆弱区，要加强大规模清洁能源开发对气候、生态和环境的影响研究，部署和完善气候、生态和环境监测网，开展资源开发前后对比监测，评估大规模风能、太阳能、水能开发利用带来的长期气候、生态和环境

效应，推进清洁能源的科学和绿色开发。

当前，风光资源的并网效率偏低，要科学认识风能、太阳能资源的时空变化特征，通过提高不同时效预报能力，充分利用风能、太阳能资源的时空互补性，以减小风电、光伏发电的间歇性和波动性，进而提高风电和光伏发电的电网友好性，增强并网调峰调度水平，提高现有装机规模的利用时数和运行时数，进一步提高可再生能源的利用效率。

7.2.5 能源与水资源安全保障技术与机制创新策略

对比世界各国，西部地区的能源用水效率已经由以往的"跟跑"转化为"并跑"，但部分环节、部分产品的用水效率与先进水平还存在一定差距，通过技术与机制创新保障能源与水的协同安全已经是今后西部地区水资源安全保障的必然选择，特别是创新颠覆性技术和深度超常规替代技术是重要的发展方向，具体包括在取用水、采出水、污水处理等各个环节采取有效节水技术，进一步强化水的循环再生利用。从机制创新角度看，将矿井涌出水作为地下水纳入水量控制指标，避免水账不清、水量浪费；积极探索海绵矿区建设，通过水量-水质-水生态协同管理，提高矿区水资源利用效率；探索建立能源基地供水保障机制，在水资源承载能力允许的前提下，最大程度保障能源基地供水能力；完善与能源行业相关的水权交易、生态补偿和阶梯水价机制，促进能源行业进一步节水，保障区域水资源和水生态环境系统的安全稳定。

(1) 加强传统能源清洁开发和节能增效，支撑能源绿色高效开发

化石能源行业要立足长远，在水资源减量利用、提高水资源使用效率和减少二氧化碳排放、增加二氧化碳封存上，实现技术进步和产业转型，为保护水资源、保护气候和环境做出更大贡献。

能源行业应加强工业节水考核力度，积极应用节水型工艺技术，严守水资源使用红线，确立2035年区域能源生产和转化用水总量控制目标，实行矿区用水定额、水价改革。创新用水观念和优化用水结构，引导节水工艺、技术和装备研发，推动先进适用节水工艺、技术和装备的应用和推广，提高能化基地水资源利用整体效率和效益。

油气开采是能源开发过程中最耗水的环节，采用无水压裂技术是降低能源行业水耗的根本措施。现阶段无水压裂技术包括氮气（N_2）泡沫压裂、二氧化碳（CO_2）压裂和液化石油气（LPG）压裂技术。这三种技术均可代替水作为压裂介质，进行储层改造，以达到改善油气渗流条件提高单井产量的目的。氮气泡沫压裂具有压裂地层伤害小、滤失低、携砂能力强的优势，但只能使用于水敏性地层、埋深较浅的井。二氧化碳（CO_2）压裂可实现节约水资源、CO_2封存、提高单井产量与采收率的多重目标，但携砂性能差、液体黏度低、施工规模受到限制。液化石油气（LPG）无水压裂技术将丙烷压缩到凝胶状态，与支撑剂压入岩石裂缝，提高增产效果。目前，无水压裂技术需求的气源没有充足的保障，仍需跨行业进行战略布局，以进一步提升能源开发的经济和环境效益。

（2）应用推广煤水协同发展工程技术，实现煤炭资源安全绿色开采

为实现煤炭资源安全绿色开采，矿区水资源供给、生态环境保护之间的协同发展，我国学者提出了"煤-水"双资源型煤炭开采技术、煤矿地下水库技术、保水采煤技术、"海绵矿井"技术、污水中能源回收利用技术等。

"煤-水"双资源型煤炭开采技术主要是以矿井开采煤层的具体水文地质条件为基础，选取适合的开采方法和参数工艺优化相结合。在地下煤炭资源开采中，以"煤-水"双资源型矿井开采为理念，将地下水也视为资源，采用合适的开采技术方法对矿井水资源化利用，针对不同地质条件的矿井，采用不同的模式进行开采。

煤矿地下水库建设充分利用煤炭开采的地下空间，并利用天然条件净化和储存矿井水，形成了矿区安全、低成本、规模化的储水技术，为煤炭开采水资源利用和保护开辟了新的途径，也为其他矿区地下水资源提供了有效的技术支撑。

由于煤层开采造成围岩破坏，裂隙发育，破坏含水层底板结构，使对水循环及储水起重要作用的含水层丧失功能，破坏地下水系的平衡。为保护水资源和水环境，保水技术应运而生，它能使整个矿区地下水系稳定，实现矿区采煤保水的目的。保水采煤技术可有效减少了地下水资源破坏；同时煤炭开采能力的提升，使煤炭开发水耗和涌水量不断降低。根据目前的开采方法，能实现保水采煤的方法有：限厚开采、条带开采、充填开采和局部充填开采等。

多源异构水污染控制系统协同应用技术主要应用于煤化工项目。煤化工项目水污染呈现出多源性和结构异性，通过协同研究，形成完整井下水处理工艺系统与煤化工废水处理系统工艺，得出各处理工艺单元机理，实现矿井水的井下处理、复用与煤化工废水处理协同体系，实现以循环经济为目标的矿井水利用。煤化工高有机废水、高盐废水零排放技术等。

污水中含有的能量包括势能、热能和化学能，污水中能源回收利用技术由此而生。污水中的势能主要取决于地形有效落差或高度差，这种能源仅适用于具有有利地形的地方。在高层建筑中，较高楼层的处理后污水或屋顶收集雨水可以用于较低的楼层，减少抽取淡水所消耗的能源。污水中的热能在需要用能量加热水的地方特别有用，可以通过热交换器或热泵来预热水。污水化学能主要来自污水中的碳含量，这些碳可以在厌氧条件下转化为甲烷。虽然废水中化学能的含量小于热能，但是它在输送过程中没有太大的损失，所以热能的回收尽可能靠近废水源。许多污水处理厂已能够从污泥和废水中产生沼气，再将其转换为热能或电能。

8 西部地区能源与水资源协同发展政策与建议

针对西部地区能源与水资源安全保障面临的新形势，结合国家碳达峰碳中和目标的新要求，本章提出加强西部地区气候变化-水资源-能源协调发展的综合管理政策与针对性建议。

8.1 提高西部地区化石能源与水资源协同发展气候变化应对能力

西部地区是我国气候变化敏感区、水资源匮乏区、化石能源富集区。在全球变暖背景下，随着西部地区极端天气气候事件增加，能源与水系统安全都将面临极大的挑战。化石能源行业要提高安全生产、稳定运行、增产高产、维护能源安全的能力，水系统则要提高水资源保障经济社会发展可持续发展能力。能源与水系统均需重视气象灾害和气候变化影响，提高气象灾害防御能力，降低气象灾害损失，增强西部地区能源与水系统适应气候变化能力，实现气候生态环境-能源资源-经济社会三者的协调发展，提高我国传统安全的保障能力。具体建议如下。

当前化石能源行业工业流程设计中，对气象灾害风险的考虑仍停留在开工作业前天气预报信息咨询，以定性和主观判断为主，缺少定量化的考虑。西部地区能源行业分布较为分散，作业方式差异较大，作业时间长度不一，且较多矿区作业点地位置偏远。加之西部地区气象灾害种类较多，不同灾害种类对不同的作业环境影响不同，致灾致损的阈值有所差异，若矿区作业期间突发天气气候状况考虑不足，容易出现风险漏洞。建议把气象信息，特别是灾害性天气预警信息融入化石能源安全生产中；把气象灾害风险作为安全生产风险嵌入化石能源的勘探、开发、生产、运输等全过程工业流程设计中；实现气象灾害对化石能源产业影响的实时监测、滚动预测、跟踪评估，保障安全生产，将气象灾害的影响和损失降到最低。

发展能源气象服务，把降低西部化石能源行业气象风险纳入气象服务能力和气象灾害风险防范主攻方向。常规气象服务主要覆盖在人口聚集区，然而西部地区地广人稀，地形复杂，自然条件艰苦，区域国家级地面观测站和自动观测站密度分别为 0.6 个/万 km^2 和 1.76 个/万 km^2，远低于全国平均的 2.52 个/万 km^2 和 32.85 个/万 km^2。西部大量的无人区和地形复杂区还存在气象观测空白区和气象探测盲区，无法覆盖全部能源行业的野外作业区，同时，气象部门针对化石能源行业专业化定制类的气象服务和预警能力不足，尚不能及时掌握能源勘探等机动作业点信息，存在防灾减灾盲区。气象部门在加强西部地区气象基础能力建设的同时，建议加快精细、定制服务的研发，针对气象灾害对能源行业的影响开展研究，建立能源行业气象风险防范管理体系，提升能源行业的气象服务和保障能力。

提高适应气候变化能力，能源行业重大工程、基础设施应开展气候可行性论证、定期风险评估。能源安全保供是国民经济命脉和社会发展的基础，西部地区能源行业重大工程分布广、基础设施多、资金投入大，面对气候变化带来的水资源变化、极端事件增加的趋势，能源基础设施、西气东输、输油管线等重大工程面临的气候风险将进一步加剧。建议在能源重大工程和基础设施工程立项前，依据工程的设计年限开展不同时间尺度的气候可行性论证，充分考虑气候变化对能源工程的风险，并在工程建设、运行期间滚动开展气象风险评估，提高能源行业适应和应对气候变化的能力。同时，化石能源行业要立足长远，在水资源减量利用、减少二氧化碳排放、增加二氧化碳封存能力等方面加强科技攻关，实现化石能源清洁化、低碳化。

8.2 设立碳中和关键技术集成及国家示范区

碳达峰、碳中和目标给我国能源和经济可持续发展提出了更高要求，着眼于化石能源与化工等高碳行业绿色低碳发展新路径，碳捕获、利用与封存（CCUS）技术是实现碳中和目标的重要技术选择，基于新疆战略地位、化石能源资源禀赋、环境承载力以及域内产业技术优势，建议在新疆设立碳中和国家示范区，开展二氧化碳驱油驱气，实现二氧化碳封存同时提高油气采收率的技术攻关与碳中和工程示范，助力新疆经济社会高质量发展和国家碳中和战略目标实现。

新疆资源丰富，煤炭、石油和天然气分别占全国资源总量的40%、30%和34%，在能源体系中具有重要地位。但新疆地区水资源紧张，人口和工业密集的乌鲁木齐、石河子、克拉玛依等地区人均水资源量不到全国的1/4。新疆油田水驱开发和煤化工行业是用水大户，资源开发与水资源消耗矛盾进一步加剧。加强现代煤化工与原油加工中间产品互为供需，采用二氧化碳压裂、驱油，既可以节约水资源的使用，又可以实现二氧化碳封存的同时提高油气采收率，实现一举多得。因此，在新疆设立碳中和国家示范区，对于引领煤炭、油气、化工等高碳产业绿色低碳发展具有重要的现实意义，有利于新疆尽早实现区域碳达峰碳中和，能够提高在总体国家安全观下，致力于促进生态环境-能源资源-经济社会三者的协调发展，保障能源资源与环境安全，促进我国能源资源的智慧化管理水平和管理理论的全面提升。为建设好新疆碳中和国家示范区，具体建议如下：

将示范区建设纳入国家碳中和长期战略，引领碳中和技术和产业循环发展。一是建议由国家发展和改革委员会或新疆维吾尔自治区政府牵头，协调组织中石油、国家能源集团等企业以及相关科研院所成立工作推进组，加强协调，完善机制和相关法律法规。二是依托油气行业气候倡议组织（OGCI）新疆CCUS产业促进中心，建立国家级CCUS技术发展和推广应用中心，具体指导CCUS技术攻关试验和推广应用。三是设立油田与石油化工结合、油田与煤化工结合两个碳中和示范基地，依托玛湖和吉木萨尔两大油田，建成两个百万吨级二氧化碳驱油示范项目，实现新疆地区碳中和产业持续健康发展，进一步带动西北地区发展。

加强二氧化碳驱油和碳封存全流程技术攻关和关键技术集成，推动技术产业成熟。CCUS目前处于攻关试验与推广应用早期，基础研究和技术有待成熟。一是加强基础研究，统筹油气资源开发利用与碳中和。重点开展面向碳中和的新疆CCUS路线图，研究中长期经济发展态势研究、分析未来能源及碳排放走势情景分析、模拟能源需求与二氧化碳排放量路径模拟。二是加强对碳捕集、分离、运输、利用、封存、监测等环节的关键核心技术攻关。优化源汇配置，超前布局二氧化碳专用输送管道，全面评价二氧化碳驱油和埋封存效果。三是超前部署新一代低成本、低能耗、低水耗CCUS技术，与风能、太阳能等可再生能源和数字技术深度融合，大幅提升全生命周期二氧化碳利用与封存比例及油田开发用能负碳效应。

争取政府引导和财税金融等政策支持，牵引产业化发展。CCUS技术规模应用与政策支持密不可分，特别是在规模推广应用早期，更需要政府引导与政策支持。一是通过政府强有力推动，建立"企–地–企"沟通机制，实现石油、化工、煤化工、煤电等产业融合发展，构建跨企业协调合作机制，协调企业利益分配，打破行业合作僵局，形成碳捕集—输送—埋存及利用产业一体化发展模式。二是借鉴美国45Q税收法案（美国国会修订了《国内税收法》第45Q条，修正案增加了碳捕集和封存的税收抵免），探索建立适合我国国情的CCUS税收和财政支持政策，形成提高效益和吸引投融资的良性循环。三是借助国家和地方碳交易平台，推动二氧化碳市场化交易，实现CCUS项目的规模化和商业化运作。

8.3 加强西部能源开发利用的水资源科学规划引领

能源发展总体格局受到区域内水资源制约、水环境底线约束，在未来国民经济和社会发展综合规划以及专项规划的研究和制定中，应综合考虑经济社会发展转型、能源结构调整、水资源水环境水生态修复等因素，明确化石能源消费总量控制目标、水资源开发利用和节约保护目标，提出分期、分区、分行业的指标要求，并制定相关专项规划，如煤炭矿井水利用规划、煤矿采空区综合治理规划、能源基地水资源保护规划、能源行业节水规划等。

西部地区能源开发利用规划、建设项目应加强水资源论证及规划工作，通过能源与水利相关部门的联动，按照统筹规划、科学布局、节水优先理念，确立产业布局、中长期发展目标，明确发展方向和工作重点，统筹市场、资源条件、生态环境等因素，科学规划能源开发利用项目建设的时序和区域布局，促进能源开发利用科学有序发展。特别是西部地区大型能源基地，必须以区域水资源承载能力为刚性约束，明确区域水资源水环境准入条件。在项目层面上，对能源上游开采以及中下游产业等建设项目应将建设项目水资源论证和建设项目环境影响评价工作作为规划与审批的前置条件。

加快完善能源开发与利用节水技术标准体系。能源行业应积极构建更加先进适用的技术标准体系，坚持节水优先的理念，研究建立包括能源开发、利用、清洁转化等各个环节在内的完整的能源节水技术指标体系。针对能源开发环节，建议加快制（修）订煤炭、石油、天然气开发利用用水定额，通过项目综合能耗、新鲜水耗、水利用效率、污废产排率等具体指标进行调控和引导，提高能源开发利用特别是煤炭开发利用的准入门槛，促进集约化发展，防止盲目投资和低水平重复建设，避免无序与不正当竞争，强化法规标准约束；针对矿井水，建议理顺矿井水排放水质标准，着力提高标准强制力；针对煤化工行业，应完善用水效率标准；针对能源废水，各矿区应以区域环境容量为底线，提高排水水质标准。

为强化节水科技创新引领，促进水资源节约集约利用，能源行业与水利部门应合作研究建立能源开发利用先进节水技术遴选、评定、认证及推广机制，征集并加快制定能源开发利用节水技术和装备标准名录。根据相关标准及先进技术指标对能源开发利用节水技术进行评选，发布西部能源开发利用先进节水技术目录，结合相关节水技术标准，要求新建或在建未投产项目必须采用最先进的节水技术和节水方案。同时，进一步完善节水技术推荐评审工作流程，逐步扩大节水技术推广范围。

建立煤炭资源与水资源管理双约束目标考核机制，强化经济政策运用。煤炭是我国能源消费的主体，是统筹能源与水资源安全和低碳发展的关键。从地方层面来看，应与国家规划相衔接，在国家煤炭总量控制和水资源保护规划的基础上，充分考虑当地的水资源、水环境承载能力，合理确定煤炭相关产业的发展布局、结构和规模，明确区域煤炭开发和转化利用相关规划，并制定切实可行的水资源保护和水污染消减方案。

煤炭和水资源管理涉及能源、国土、水利、环保等多个部门，要实现煤炭消费总量控制和水资源节约保护，必须完善部门间的协作机制。国务院与各省（自治区、直辖市）人民政府签订煤炭总量控制以及最严格水资源利用管理目标责任书，建立权责统一的目标考核机制，确保各项任务全面完成。各级政府应建立水资源和能源管理之间的跨部门协作机制，综合制定西部地区水资源与能源安全保障战略规划，并通过协调配合、定期会商，实现联合监测、联合执法、应急联动、信息共享。强化公众参与是提升服务管理水平的有效措施，有关部门应依法公开水资源和水环境相关信息，发动群众加强社会监督。

水资源利用成本是驱动企业提高水资源利用效率的主要因素，政府应探索合理地利用经济工具来体现水资源的真正价值。加快完善工业与农业之间的水权交易制度，推动水权转换的实施，满足能源相关产业发展的合理用水需求，在充分论证其生态环境影响的前提下，实现水资源优化配置。除用水户规模、产业结构调整、技术进步、政策、机制等因素外，水价也是影响行业用水量的因素之一，水价提升对个部门、各行业用水量均具有一定促进作用。开发合理可行的经济政策工具，将可持续水资源和能源政策目标结合起来，通过开展水交易，设置水资源提取费、污染治理费等，充分发挥价格杠杆调节作用，促进行业节水，提升水资源利用效率。

8.4 完善能源与水资源协同发展策略

西部地区是全国化石能源最富集的地区，煤炭和天然气储量大，是全国石油、电力的主要输出区。化石能源一方面是水资源需求最集中和强烈的能源类型，同时也是对水资源系统影响最为深刻的能源产业。随着未来一段时期内我国能源消费总量持续增长，西部地区能源生产量耗水必然随之增加。此外，西部地区是全球气候变化敏感区，考虑气候变化带来的不确定性和风险，能源安全和水安全将受到更加严峻挑战。因此，切实提升能源产业水资源安全保障程度，加快完善能源产业的水资源综合配置保障体系，因地制宜制定西部地区能源与水资源协同发展策略具有重要现实意义。具体建议如下。

进一步完善能源产业水资源配置政策与基础设施。一是完善能源产业地表水资源配置政策，建议进一步优化地表水量分配，进一步细化黄河"87"分水方案，开展黄河流域水资源规划、黄河流域用水总量控制指标等工作，加强黄河及西部地区水资源合理利用及节约用水。二是建议将西部地区地下水控制性关键水位划分为控制性红线水位和控制性管理水位，因地制宜地制定各区域地下水开发利用和保护战略，坚持合理开采、采补平衡、合理调控、保护水质、优质优用、地表水与地下水统筹兼顾的原则，综合开发利用地下水资源。三是加强苦咸水淡化技术及其示范工程的建设及推广，鼓励开采浅层苦咸水及合理规划开采深层苦咸水，因地制宜发展苦咸水综合利用。四是应从区域整体出发，树立水资源开发利用的区域整体观，建立协调机制，最大限度地发挥区域整体功能。同时，针对水源不足区域，积极挖潜，改造与新建一批调水、引水、蓄水水源专线工程，增加向能源区域的供水量，以保障能源生产的供水，确保国家发展的能源安全。

健全能源开发利用过程中水资源与水环境技术标准体系。为推动建设资源节约型、环境友好型社会，在能源开发利用过程中需要制定资源节约和环境保护的技术标准体系。一是健全用水效率标准，全面推进能源行业高标准的节水建设，建立能源开发耗水评价体系，进一步细化油气、煤炭等不同能源开发过程中不同用水环节的生产用水定额，严格实施产业用水效率。二是健全排水水质标准，规范不同能源开发排水水质的分析方法，排水水质应满足生产生活需要，应分级控制，应符合后续污水处理及环境保护的要求。三是健全矿井水排放与利用标准，矿井水进行处理后可作为生活、工业、农业、城市杂用水和景观环境用水等，应对不同矿井水进行分类处理，规范矿井水技术处理方案和流程，明确矿井水的原水水质和出水水质的检测指标和限值，加强矿井水处理利用过程中的管理与监测。

构建以水权转让为纽带的能源产业保障-反哺机制。一是根据国家宏观经济布局的调整方案及西部地区当地实际情况，加快培育和完善西部地区水权水市场，建立科学合理的能源产业水权转让和交易程序，并要严格加强监督管理，确保水资源合理配置和高效利用，同时保障所牵涉的各方利益群体和单位充分参与。二是将农业用水转换建立在平等协商的基础上，允许农民充分参与，明确农民利益保护和补偿的基本原则，加快建立和完善水权转让农民利益保护机制，包括针对农民在水权交易后逢枯水年减产损失的风险建立详细而有保障的补偿机制、水权交易收益和损失的评估制度、水权补偿协商谈判机制及民主决策程序和保障办法。三是从工程设施、组织管理、政策法规、经济激励四个方面建立水权出让方节水工作投资保障机制，以保障能源-农业水权交易中各项节水措施能够落实，节水效果能够保证。

构建虚拟水适当补偿机制。西部地区能源虚拟水的不断输出，一方面解决了输入区的能源问题，缓解了输入区的水资源压力及生态环境压力，对输入区具有正外部性；另一方面加剧了输出区的水资源压力和生态环境压力。因此，建议建立比较完整的西部地区能源虚拟水的适当补偿机制，包括补偿的主体、客体、补偿模式、补偿方式和标准等，遵循"谁受益，谁补偿"的原则，以中央政府为主导部门，采用政府宏观调控模式与市场调节模式相结合的补偿模式，对受能源输出正外部性影响的调入区，包括受益地区的政府、企业及个人征收虚拟水贸易费以补贴西部能源输出区。补偿方式以资金补偿为主，可兼有实体水补偿、技术补偿、政策补偿等多种补偿方式。

参 考 文 献

白乐，李怀恩，何宏谋. 2015. 窟野河径流变化检测及归因研究［J］. 水力发电学报，34（2）：15-22.

陈仁升，张世强，阳勇，等. 2019. 冰冻圈变化对中国西部寒区径流的影响［M］. 北京：科学出版社.

董天，肖洋，张路，等. 2019. 鄂尔多斯市生态系统格局和质量变化及驱动力［J］. 生态学报，39（2）：660-671.

窦燕，陈曦，包安明，等. 2010. 2000—2006 年中国天山山区积雪时空分布特征研究［J］. 冰川冻土，32（1）：28-33.

窦燕，陈曦. 2011. 基于站点的中国天山区积雪要素变化研究［J］. 地球科学进展，26（4）：441-448.

杜杰，郭志强，王国柱，等. 2016. 油田压裂返排液处理技术研究及应用［J］. 内蒙古石油化工，（3）：4.

方琦，钱立华，鲁政委. 2021. 我国实现碳达峰与碳中和的碳排放量测算［J］. 环境保护，49（16）：6.

顾大钊，李庭，李井峰，等. 2021. 我国煤矿矿井水处理技术现状与展望［J］. 煤炭科学技术.

顾大钊，张勇，曹志国. 2016. 我国煤炭开采水资源保护利用技术研究进展［J］. 煤炭科学技术，（1）：044.

郭宏伟，徐海量，凌红波. 2017. 塔里木河流域枯水年生态调水方式及生态补偿研究［J］. 自然资源学报，32（10）：1705-1717.

郭雷，张硌，胡婵娟，等. 2014. 我国矿井水管理现状分析及对策［J］. 煤炭学报，（S2）：6.

郭巧玲，韩振英，丁斌，等. 2017. 窟野河流域径流变化及其影响因素研究［J］. 水资源保护，33（9）：75-80.

国家统计局能源统计司. 2022. 中国能源年统计鉴 2021［M］. 北京：中国统计出版社.

韩振宇，高学杰，石英，等. 2015. 中国高精度土地覆盖数据在 RegCM4/CLM 模式中的引入及其对区域气候模拟影响的分析［J］. 冰川冻土，37（4）：857-866.

韩振宇, 高学杰, 徐影. 2021. 多区域模式集合的东亚陆地区域的平均和极端降水未来预估 [J]. 地球物理学报, 64 (6): 1869-1884.

贺斌, 王国亚, 苏宏超, 等. 2012. 新疆阿尔泰山地区极端水文事件对气候变化的响应 [J]. 冰川冻土, 34 (4): 927-933.

侯宏冰, 郭红琼, 于强, 等. 2020. 鄂尔多斯景观格局演变与景观生态网络优化研究 [J]. 农业机械学报, 51 (10): 205-212.

胡智丹, 夏婷, 罗琳, 等. 2018. 气候变化对河川径流量的影响: 以皇甫川流域为例 [J]. 水利水电技术, 49 (2): 30-36.

蓝永超, 沈永平, 钟英君, 等. 2010. 乌鲁木齐河出山径流对气候变化的敏感性分析 [J]. 干旱区资源与环境, 24 (11): 50-55.

李建忠. 2019. 第四次油气资源评价 [M]. 北京: 石油工业出版社.

李井峰, 熊日华. 2016. 煤炭开发利用水资源需求及应对策略研究 [J]. 煤炭工程, 48 (7): 4.

李少彦. 2021. 我国碳中和时的非化石能源占比与风电、光伏发电装机容量分析 [J]. 风能, (11): 96-98.

李小地, 赵文智, 张国生. 2003. 中国西部地区石油资源潜力与开发前景 [J]. 资源科学, 25 (4): 5.

李忠勤等. 2011. 天山乌鲁木齐河源1号冰川近期研究与应用 [M]. 北京: 气象出版社.

李忠勤等. 2019. 山地冰川物质平衡和动力过程模拟 [M]. 北京: 科学出版社.

刘静, 龙爱华, 李江, 等. 2019. 近60年塔里木河三源流径流演变规律与趋势分析 [J]. 水利水电技术, 50 (12): 10-17.

刘时银, 姚晓军, 郭万钦, 等. 2015. 基于第二次冰川编目的中国冰川现状 [J]. 地理学报, 70 (1): 14.

刘时银, 张勇, 刘巧, 等. 2017. 气候变化对冰川影响与风险研究 [M]. 北京: 科学出版社.

刘晓琼, 刘彦随, 李同昇, 等. 2014. 高强度能源开发区河流径流量演变及其减流成因——以窟野河为例 [J]. 兰州大学学报 (自然科学版), 50 (3): 299-304.

刘雪鹏. 2017. 过程系统工程方法在炼油厂设计阶段节水优化中的应用 [J]. 石油石化节能, 7 (6): 28-30, 33.

陆峰. 2016. 天山北坡玛纳斯河径流变化特征分析 [J]. 新疆水利, (3): 25-30.

马丽娟, 秦大河. 2012. 1957-2009年中国台站观测的关键积雪参数时空变化特征 [J]. 冰川冻土, 34 (1): 1-11.

穆艾塔尔·赛地, 阿不都·沙拉木, 崔春亮, 等. 2013. 新疆天山北坡山区流域水文特征分析 [J]. 水文, 33 (2): 87-92.

钱敏.2018.聚焦煤改清洁能源［J］.人民周刊,（10）：2.

沈永平,王国亚,苏宏超,等.2007.新疆阿尔泰山区克兰河上游水文过程对气候变暖的响应［J］.冰川冻土,29（6）：845-854.

沈永平,苏宏超,王国亚,等.2013.新疆冰川、积雪对气候变化的响应（I）：水文效应.冰川冻土［J］.35（3）：513-527.

石英,高学杰,吴佳,等.2010.全球变暖对中国区域积雪变化影响的数值模拟［J］.冰川冻土,32（2）：215-222.

宋岩,姜林,马行陟.2013.非常规油气藏的形成及其分布特征［J］.古地理学报,15（5）：605-614.

孙晓岗,张学鲁,冉蜀勇,等.2008.油田采出水离子调整旋流反应污泥吸附法处理技术研究［J］.石油规划设计,19（5）：5.

王国亚,毛炜峄,贺斌,等.2012.新疆阿勒泰地区积雪变化特征及其对冻土的影响［J］.冰川冻土,34（6）：1293-1300.

王敬哲.2019.内陆干旱区尾闾湖湿地识别及其景观结构动态变化——以艾比湖湿地为例［D］.乌鲁木齐：新疆大学博士学位论文.

王圣杰,张明军,李忠勤,等.2011.近50年来中国天山冰川面积变化对气候的响应［J］.地理学报,66（1）：38-46.

韦振锋,王德光,张翀,等.2014.1999～2010年中国西北地区植被覆盖对气候变化和人类动的响应［J］.中国沙漠,34（6）：1665-1670.

魏天锋,刘志辉,姚俊强,等.2015.呼图壁河径流过程对气候变化的响应［J］.干旱区资源与环境,29（4）：102-107.

魏艳红,焦菊英.2017.皇甫川流域1955～2013年水沙变化趋势与周期特征［J］.水土保持研究,24（3）：1-6.

谢伏瞻,庄国泰,巢清尘,等.2021.应对气候变化报告（2021）［M］.北京：社会科学文献出版社.

徐智敏,孙亚军,高尚,等.2019.干旱矿区采动顶板导水裂隙的演化规律及保水采煤意义［J］.煤炭学报,44（3）：10.

姚俊强,胡文峰,彭志潮,等.2018.天山北坡呼图壁河流域水资源变化及转化研究［J］.沙漠与绿洲气象,12（6）：1-7.

张东晓,杨婷云.2015.美国页岩气水力压裂开发对环境的影响［J］.石油勘探与开发,42（6）：7.

张健,李同昇,张俊辉,等.2016.1933～2012年无定河径流突变与周期特征诊断［J］.地理科学,36（3）：475-480.

张昕，李忠勤，张国飞，等．2014．近 30a 新疆哈密地区的径流变化特征［J］．甘肃农业大学学报，49（3）：113-119．

赵翔．2015．油田污水处理技术现状及发展趋势［J］．化工管理，（13）：1．

中国煤炭工业协会．2021．2020 煤炭行业发展年度报告［R］．

中国气象局气候变化中心．2022．中国气候变化蓝皮书 2022［M］．北京：科学出版社．

周海鹰，沈明希，陈杰，等．2018．塔里木河流域 60 a 来天然径流变化趋势分析［J］．干旱区地理，41（2）：221-229．

周园园，师长兴，杜俊，等．2012．无定河流域 1956—2009 年径流量变化及其影响因素［J］．自然资源学报，27（5）：856-865．

邹才能，王玉满，王岚，等．2015．中国非常规油气勘探开发与理论技术进展［J］．地质学报，89（6）：29．

Brun F, Berthier E, Wagnon P, et al. 2017. A spatially resolved estimate of High Mountain Asia 1 glacier mass balances from 2000 to 2016 [J]. Nature Geoscience, 10 (9): 668-673.

Cai Y, Wang H, Yue W, et al. 2021. An integrated approach for reducing spatially coupled water-shortage risks of Beijing-Tianjin-Hebei urban agglomeration in China [J]. J. Hydrol., 603: 127123.

Chen Y N, Li W H, Deng H J, et al. 2016. Changes in Central Asia's water tower: Past, present and future [J]. Scientific Report, 6: 35458.

Dai L Y, Che T. 2014. Spatiotemporal variability in snow cover from 1987 to 2011 in northern China [J]. Journal of Applied Remote Sensing, 8, Doi: 16 10. 1117/1. JRS. 8. 084693.

Farinotti D, Longuevergne L, Moholdt G, et al. 2015. Substantial glacier mass loss in the Tien Shan over the past 50 years [J]. Nature Geoscience, 8 (9): 716-723.

Gao X, Shi Y, Giorgi F. 2016. Comparison of convective parameterizations in RegCM4 experiments over China with CLM as the land surface model [J]. Atmospheric and Oceanic Science Letters, 9 (4): 246-254.

Gao X, Shi Y, Han Z, et al. 2017. Performance of RegCM4 over major river basins in China [J]. Advances in Atmospheric Sciences, 34 (4): 441-455.

Gardner J, Berthier E, Arnaud Y, et al. 2013. Region-wide glacier mass balances over the Pamir-21Karakoram-Himalaya during 1999～2011 [J]. The Cryosphere, 7 (4): 1263-1286.

Han Z, Shi Y, Wu J, et al. 2019. Combined Dynamical and Statistical Downscaling for High-Resolution Projections of Multiple Climate Variables in the Beijing-Tianjin-Hebei Region of China [J]. Journal of Applied Meteorology Climatology, 58 (11): 2387-2403.

Ke C Q, Li X C, Xie H J, et al. 2016. Variability in snow cover phenology in China from 1952 to

参 考 文 献

2010 [J]. Hydrology and Earth System Sciences, 20: 755-770.

Li Z Q, Li H L, Xu C H, et al. 2021. 60-year changes and mechanisms of Urumqi Glacier No. 1 in the eastern Tianshan of China, Central Asia [J]. Sciences in Cold and Arid Regions, 12 (6): 380-388.

Schlör H, Venghaus S, Hake J F. 2018. The FEW-Nexus city index-Measuring urban resilience [J]. Applied Energy, 210: 382-392.

Shi Y, Gao X J, Wu J, et al. 2011. Changes in snow cover over China in the 21st century as simulated by a high resolution regional climate model [J]. Environmental Research Letters, 6: 045501.

Tian H, Wen J, Wang C H, et al. 2012. Effect of pixel scale on evapotranspiration estimation by remote sensing over oasis areas in north-western China [J]. Environmental Earth Sciences, 67 (8): 2301-2313.

Wang Y, Shen Y, Chen Y, et al. 2013. Vegetation dynamics and their response to hydroclimatic factors in the Tarim River Basin, China [J]. Ecohydrology, 6 (6): 927-936.

Zhang P, Zhang L, Chang Y, et al. 2019. Food-energy-water (FEW) nexus for urban sustainability: A comprehensive review [J]. Resources Conservation Recycling, 142: 215-224.

Zhong X, Zhang T, Kang S, et al. 2018. Spatiotemporal variability of snow depth across the Eurasian continent from 1966 to 2012 [J]. The Cryosphere, 12 (1): 227-245.

Zuo Q, Wu Q, Yu L, et al. 2021. Optimization of uncertain agricultural management considering the framework of water, energy and food [J]. Agricultral Water Management, 253: 106907.